Linus Schleupner

Sichere Kommunikation in der Automatisierungstechnik

Linus Schleupner

Sichere Kommunikation in der Automatisierungstechnik

Verhinderung von Industriespionage

Südwestdeutscher Verlag für Hochschulschriften

Impressum / Imprint

Bibliografische Information der Deutschen Nationalbibliothek: Die Deutsche Nationalbibliothek verzeichnet diese Publikation in der Deutschen Nationalbibliografie; detaillierte bibliografische Daten sind im Internet über http://dnb.d-nb.de abrufbar.

Alle in diesem Buch genannten Marken und Produktnamen unterliegen warenzeichen-, marken- oder patentrechtlichem Schutz bzw. sind Warenzeichen oder eingetragene Warenzeichen der jeweiligen Inhaber. Die Wiedergabe von Marken, Produktnamen, Gebrauchsnamen, Handelsnamen, Warenbezeichnungen u.s.w. in diesem Werk berechtigt auch ohne besondere Kennzeichnung nicht zu der Annahme, dass solche Namen im Sinne der Warenzeichen- und Markenschutzgesetzgebung als frei zu betrachten wären und daher von jedermann benutzt werden dürften.

Bibliographic information published by the Deutsche Nationalbibliothek: The Deutsche Nationalbibliothek lists this publication in the Deutsche Nationalbibliografie; detailed bibliographic data are available in the Internet at http://dnb.d-nb.de.

Any brand names and product names mentioned in this book are subject to trademark, brand or patent protection and are trademarks or registered trademarks of their respective holders. The use of brand names, product names, common names, trade names, product descriptions etc. even without a particular marking in this works is in no way to be construed to mean that such names may be regarded as unrestricted in respect of trademark and brand protection legislation and could thus be used by anyone.

Coverbild / Cover image: www.ingimage.com

Verlag / Publisher:
Südwestdeutscher Verlag für Hochschulschriften
ist ein Imprint der / is a trademark of
AV Akademikerverlag GmbH & Co. KG
Heinrich-Böcking-Str. 6-8, 66121 Saarbrücken, Deutschland / Germany
Email: info@svh-verlag.de

Herstellung: siehe letzte Seite /
Printed at: see last page
ISBN: 978-3-8381-2320-2

Zugl. / Approved by: Fernuniversität in Hagen, 2012

Copyright © 2012 AV Akademikerverlag GmbH & Co. KG
Alle Rechte vorbehalten. / All rights reserved. Saarbrücken 2012

Inhaltsverzeichnis

    Zusammenfassung 4

1 Einleitung   **5**
    1.1 Motivation und Problemstellung 5
    1.2 Stand der Technik 7
    1.3 Ziel der Arbeit 9
    1.4 Gliederung der Arbeit 10

2 Automatisierung von Maschinen und Anlagen   **11**
    2.1 Aufbau einer Automatisierungsarchitektur 11
    2.2 Trends in der Automatisierungstechnik 14
    2.3 Kommunikation mit Ethernet 16
    2.4 Bedrohungen der Maschinenautomatisierung 19
    2.5 Zusammenfassung Automatisierung 23

3 Grundlagen der Bedrohungsabwehr   **24**
    3.1 Normen und Richtlinien 24
        3.1.1 Der Lagebericht des BSI 25
        3.1.2 BSI-Standards und Technische Richtlinien 26
        3.1.3 Die DIN ISO 27000 26
        3.1.4 Die VDI-Richtlinie 2182 27
    3.2 Maßnahmen 27
        3.2.1 ConImit – Contra Imitatio 27
        3.2.2 WSAN4CIP 28
        3.2.3 Aktivitäten des Verfassungsschutzes 28
    3.3 Grundprinzipien sicherer Kommunikation 29
    3.4 Zusammenfassung Grundlagen 30

4 Verschlüsselung von Informationen   **31**

- 4.1 Kryptologie 31
- 4.2 Sicherheit und perfekte Sicherheit 32
- 4.3 Asymmetrische Verschlüsselungsverfahren 33
- 4.4 Symmetrische Verschlüsselungsverfahren 34
- 4.5 Verschlüsselung bei Funknetzen 35
- 4.6 Einmalschlüsselverfahren 36
- 4.7 Zufallsbits 37
    - 4.7.1 Pseudozufallsbits 38
    - 4.7.2 Echte Zufallsbits 39
    - 4.7.3 Quantenphysikalische Verteilung von Zufallsbits 40
- 4.8 Vergleich der untersuchten Verfahren 41

5 Erzeugung echter Zufallsbits — 42
- 5.1 Der Schaltkreis von Chua 43
- 5.2 Treppenfunktionsgenerator 46
- 5.3 Parallelschwingkreis mit Allpass 47
- 5.4 Summensignal 49
- 5.5 Pseudocode 50
- 5.6 Zusammenfassung 51

6 Sichere Kommunikation — 52
- 6.1 Prinzip des Verfahrens 52
- 6.2 Hardwareumsetzung 53

7 Anwendungen der sicheren Kommunikation — 57
- 7.1 Netze der Automatisierungstechnik 57
    - 7.1.1 Initialisierungsphase 60
    - 7.1.2 Betriebsmodus 61
    - 7.1.3 Kontrollinstanzen 62
    - 7.1.4 Pseudocode 64
- 7.2 Optimierung der Schlüsselverwaltung 69
    - 7.2.1 Netzbetrieb am Beispiel des Ethernet 75
    - 7.2.2 Pseudocode 84
- 7.3 Funknetze 86
    - 7.3.1 Pseudocode 89

	7.4 Sichere Kommunikation in der Rechnerwolke	92
	7.5 Intelligente Stromnetze	94
	7.6 Zusammenfassung	96

8 Ergebnisse 97

    8.1 Erzeugung und Übertragung echter Zufallsbits 98

    8.2 Erzeugung von Einmalschlüsseln und Verschleierung 98

    8.3 Einhaltung der Grundprinzipien der Sicherheit 99

    8.4 Anwendbarkeit des Verfahrens 100

Literaturverzeichnis 100

Zusammenfassung

Kommunikationsnetze der Automatisierungstechnik erfahren aktuell eine Veränderung. Bisher als Insellösungen ausgeführte Netze mit proprietären Bussystemen werden bei Neuanlagen und -maschinen vermehrt mit Ethernet ausgestattet und, z. B. zu Fernwartungszwecken, mit dem Internet verbunden. Solche Netze können deshalb ohne Sicherungsmaßnahmen genauso von außen angegriffen oder ausgespäht werden wie jedes Büro- oder Heimnetzwerk. Der Angriff von W32.Stuxnet hat gezeigt, dass die Wirkung von Schadsoftware bis zur Funktionsstörung von Atomanlagen reichen kann. Deshalb müssen Automatisierungsnetze über eine im Rahmen der gegebenen Echtzeitbedingungen sichere Kommunikation verfügen, die sie gegen Einflüsse von außen unempfindlich macht.

In der vorliegenden Arbeit wird zunächst das Risiko beschrieben, dem Maschinen und Anlagen ausgesetzt sind. Anschließend werden Maßnahmen betrachtet, die über Normen, Richtlinien oder technische Mittel dieses Risiko minimieren sollen. Da die betrachteten Maßnahmen keine perfekte Sicherheit bieten, wird ein Verfahren entworfen, das eine vertrauliche und authentifizierte Kommunikation zwischen den Knoten von Automatisierungsnetzen ermöglicht, um künftig zuverlässig Sabotage und Spionage zu verhindern. Der Anspruch dieses Verfahrens ist eine perfekt sichere Kommunikation und gleichzeitig eine hohe Verarbeitungsgeschwindigkeit, um auch den hohen Echtzeitanforderungen der Automatisierungstechnik genügen zu können.

Es beinhaltet die Erzeugung und sichere Verteilung echter Zufallsbits, aus denen permanent im laufenden Betrieb neue Einmalschlüssel generiert werden. Mit diesen Einmalschlüsseln kann kontinuierlich mit den zu übertragenden Nutzdaten perfekt sicher eine Stromchiffre erzeugt werden. In einer Variante des Verfahrens mit optimierter Schlüsselverwaltung wird erreicht, dass nicht mehr der Schlüssel selbst übertragen wird, sondern dieser durch einen Speicherplatzverweis ersetzt wird. Ein Angreifer kann also mit einer Kryptoanalyse den Schlüssel nicht herausfinden. Durch den gemeinsamen Einsatz von Verschlüsselung und Verschleierung wird die Sicherheit noch erhöht.

Ein weiterer Verfahrensinhalt ist die Autorisierung von Knoten, die gegenseitig eine Authentifizierung durchführen. Nicht-autorisierte Knoten werden von der Kommunikation ausgeschlossen.

In Beispielen wird gezeigt, wie das Verfahren von der Automatisierung von Maschinen und Anlagen auf andere Anwendungen, wie Funknetze, Rechnerwolken oder intelligente Stromnetze übertragen werden kann. Es ist für alle Feldbusse anwendbar, da es unabhängig von den heute bekannten Protokollen arbeitet. Die praktische Verwendbarkeit ist durch den Einsatz von Standardkomponenten gewährleistet.

Kapitel 1

Einleitung

1.1 Motivation und Problemstellung

Die ständige Verfügbarkeit von Infrastrukturen z. B. bei Verarbeitungs- und Produktionsanlagen sowie Anlagen zur Energie- oder Wasserversorgung spielt für Unternehmen, Verwaltungen und private Haushalte eine große Rolle. Dort kommen automatisierte Prozesssteuerungssysteme, IndustriePC (IPC) mit Windows-Betriebssystemen und Office-Anwendungen sowie Supervisory Control and Data Acquisition-Systeme (SCADA) zur Steuerung der verschiedenen Funktionen und Abläufe in verteilten Strukturen zum Einsatz. Zur Vernetzung ihrer Komponenten nutzen diese Systeme immer häufiger die gleiche oder ähnliche Ethernet-basierte Netzstruktur wie Standard-Computernetze. Diese soll wegen der hohen Bandbreite, des hohen Bekanntheitsgrades und der einfachen Anbindung von Netzteilnehmern neue Möglichkeiten öffnen. Die Vorteile liegen anscheinend auf der Hand: Die Anforderung an eine bekannte und einfache Technik, die insbesondere in der Automatisierungs- und Prozesstechnik den Transport und die Verarbeitung immer größerer Datenmengen erlaubt, ist zunächst erfüllt. So werden bisher gängige, in der Maschinen- und Anlagenautomatisierung lokal eingesetzte, proprietäre Feldbussysteme abgelöst [38].

Das führt allerdings dazu, dass Automatisierungssysteme potenziell den gleichen Gefahren durch Viren, Würmer, Trojaner und unbedachte Nutzer ausgesetzt sind wie jeder Büro- oder Heim-PC. Konzepte zur datentechnischen Einbindung aller Komponenten einer automatisierten Anlage über Ethernet-Netze werden bereits diskutiert. Geschäftsmodelle zur Auslagerung von Service- und Instandhaltungsaufgaben auf externe, ggf. nicht am Standort der Anlage ansässige Unternehmen, verstärken die potenziellen Risiken zusätzlich, ebenso wie die Vernetzung verschiedener Produktionsstandorte über Enterprise Resource Planning-Systeme (ERP). Etablierte Schutzmaßnahmen aus der Büro-Informationstechnik lassen sich aber nicht 1:1 in die Automatisierungstechnik übertragen [42, 45]. Viele Prozesse, z. B. in Kraftwerken, Stahlwerken oder der Energieerzeugung können nicht einfach angehalten werden, um notwendige Updates von Betriebssystemen oder Virenschutzprogrammen mit anschließendem Systemneustart durchzuführen. Netzmonitore, Intrusion-Detection-Systeme (System zur Erkennung von Angriffen gegen Netze) und der Einsatz von Firewalls mit sehr restriktiven Regeln können zwar einen wichtigen Beitrag zum Schutz von Netzen leisten, ihr Einsatz kann aber die Funktionsfähigkeit und die Verarbeitungsgeschwindigkeit der Prozesssteuerungssysteme beeinträchtigen.

Die Differenzierung zum Internet wird immer schwieriger, da die Netze der Automatisierungstechnik auf Ethernet-Basis häufig direkt mit dem Internet verbunden und damit selbst zu einem Internet-Teilnehmer werden. Gerade diese Konnektivität macht es nötig, über geeignete Sicherheitsmaßnahmen nachzudenken, um z. B. die Produktion von Gütern, die Erzeugung von Energie und den Transport von Daten sicher zu gewährleisten.

Die Wechselwirkungen zwischen Sicherheit in der Informationstechnik (IT-Sicherheit) und der Sicherheit von Prozesssteuerungssystemen werden seit einigen Jahren intensiv diskutiert [45]. Immer mehr Hersteller, Integratoren und auch Betreiber von Prozesssteuerungssystemen erkennen die Notwendigkeit geeigneter IT-spezifischer Sicherheitsmaßnahmen. Bei der Entwicklung vieler existierender und bereits im Einsatz befindlicher SCADA-Komponenten ist der Aspekt der IT-Sicherheit allerdings noch nicht ausreichend berücksichtigt worden. Sicherheitsmechanismen, wie Authentifizierung und Verschlüsselung, wurden in der Prozesssteuerungstechnik selbst nur unvollständig oder gar nicht implementiert. Insbesondere bei der Erstellung und Fortschreibung von Sicherheitskonzepten für ältere Prozesssteuerungssysteme wird die Gefahr weiterhin unterschätzt [45].

Bei der Inbetriebnahme, dem laufendem Betrieb und der Wartung von Maschinen kann prinzipiell jeder Befugte oder Unbefugte mit der serienmäßigen Ethernet-Schnittstelle eines einfachen Laptops den Versuch unternehmen, Daten abzugreifen, zu verändern oder in den Datenverkehr innerhalb des Netzes einer Maschine einzugreifen. Die Daten werden üblicherweise offen und unverschlüsselt übertragen. Sie sind teilweise sensibel, weil es sich entweder um vertrauliche Informationen über Produkte und Prozesse oder um sicherheitskritische Stellgrößen handeln kann. Beim Einsatz von Funknetzen muss sich ein potentieller Angreifer noch nicht einmal in der unmittelbaren Nähe der Maschine befinden.

Die Sicherheit gegen Angriffe von außen wie Sabotage oder Manipulation ist in automatisierten Anlagen in jeder Hinsicht elementarer Bestandteil zur Sicherstellung von Verfügbarkeit, Zuverlässigkeit und Authentizität. Eine Unterbrechung der Produktion aufgrund sabotierter oder manipulierter Anlagen kann schwerwiegende Folgen nach sich ziehen. Vertragsstrafen können bei falsch produzierter Menge oder verzögerter Lieferung greifen oder Rückrufaktionen können bei mangelhafter Qualität die Folge sein. Auch können Anlagen beschädigt oder unbrauchbar werden, was mit Imageschäden oder hohem Geldverlust einhergeht. Angriffe auf Kraftwerke können zudem notwendige Energie- oder Stromversorgungen ausschalten. Deshalb ist das Gefahrenpotential groß.

Die erstmals im Juni 2010 bekannt gewordene Attacke der Schadsoftware W32.Stuxnet zeigt, dass die bisher autark und in sich geschlossen betriebenen Automatisierungsnetze durch gezielte Angriffe von außen verwundbar sind. Grund dafür ist die oben beschriebene Anbindung der Automatisierungsnetze an das Internet, z. B. zu Fernwartungszwecken und die damit verbundene Möglichkeit, Schadsoftware einzuschleusen. Das Ziel von W32.Stuxnet war und ist das Ausspionieren und die Umprogrammierung vorhandener Software speziell in den Steuerungssystemen der Automatisierungstechnik zur Sabotage von Kraftwerken, chemischen Fabriken und industriellen Produktionsanlagen. Über eine vorhandene Internetverbindung wird zuerst die PC- und dann gezielt die Ebene der Speicherprogrammierbaren Steuerungen (SPS) in einer Automatisierungsarchitektur infiziert. Als Schaden wurde bisher veröffentlicht, dass in iranischen Atomanlagen Uranzentrifugen manipuliert und beschädigt wurden [2, 36]. In [19] ist die Angriffsstrategie von W32.Stuxnet detailliert beschrieben.

Eine andere Angriffsform ist der im April 2011 bekannt gewordene Angriff auf die Daten von Nutzern einer Spieleplattform der Fa. Sony, bei dem über 75 Millionen Nutzerdaten kompromittiert wurden. Dabei war auch ein Zugriff auf Kreditkartendaten möglich [25].

Solche Angriffe müssen künftig zuverlässig verhindert werden.

1.2 Stand der Technik

In Sicherheitsfragen zum Schutz von Anlagen und Informationen ist ein Vorgehen nach dem Motto „viel hilft viel" in der Regel nicht zielführend, genauso wenig wie „etwas" zu machen. Vielmehr ist ein systematischer, auf das tatsächliche Gefährdungspotenzial abgestimmter Ansatz erforderlich. Die auf einer Risikoanalyse basierende, passende Mischung aus organisatorischen und technischen Maßnahmen entfaltet im Idealfall genau dann eine angemessene Wirkung, wenn das Vorgehen als dynamischer Prozess verstanden und gelebt wird. Eine zielgerichtete Vorgehensweise muss auf formulierten, in der Regel funktionalen Anwenderanforderungen beruhen. Für neue Produkte und Systeme muss die Berücksichtigung der Sicherheitsaspekte bereits in der Entwurfsphase beginnen [35, 42, 45]. Die in Kapitel 3 dargestellten Normen und Richtlinien stellen einen Anhalt für den grundsätzlichen Aufbau sicherer Systeme dar. Aber fehlende Erfahrung oder Missverständnisse auf Anwenderseite führen zu Unsicherheiten bei der praktischen Umsetzung. In dem von der Europäischen Kommission unterstützten Forschungsprojekt *WSAN4CIP* für die Entwicklung eines vertrauenswürdigen Netzwerkes sind zwar die Sicherheitsproblematiken richtig beschrieben. Die technische Lösung baut jedoch auf vorhandenen Internetstrukturen und -protokollen auf und besitzt deshalb auch deren Schwächen und Sicherheitslücken [80].

An automatisierungstechnische Netze können neue Teilnehmer ohne oder nur mit sehr wenigen Sicherheitsprüfungen geschaltet werden. Das bezieht sich nicht nur auf die in Automatisierungsarchitekturen üblichen Feldgeräte wie Umrichter, Steuerungen, Sensoren oder Karten mit Ein- und Ausgängen, sondern auch auf Programmiergeräte. Letztere sind üblicherweise als tragbare Rechner ausgeführt und dienen zur Parametrierung und Konfiguration der Teilnehmer sowie zur Erstellung von Ablaufprogrammen speicherprogrammierbarer Steuerungen. Weiterhin können mit Programmiergeräten Diagnosedaten und Programme ausgelesen und beeinflusst werden. Auf diese Weise ist es für Wirtschaftsspione oder Saboteure sehr einfach, vertrauliche oder sicherheitsrelevante Prozess- oder Programmdaten auszulesen und zu verändern.

Vertraulichkeit kann mit aufwändigen physikalischen Mitteln gewährleistet werden. Es ist jedoch günstiger und effektiver, dafür geeignete kryptographische Methoden zu verwenden.

Die heute in der Praxis eingesetzten symmetrischen oder asymmetrischen Verschlüsselungsverfahren (vgl. Kapitel 4) verwenden geheime Schlüssel, mit denen die Teilnehmer gegenseitig Daten ver- und entschlüsseln können. Das Prinzip von Kerckhoffs besagt als anerkannter Grundsatz der Kryptographie, dass Schlüssel im Gegensatz zu Verschlüsselungsalgorithmen geheim zu halten sind [40], [68, S.38]. Diese Schlüssel müssen sicher ausgetauscht werden und dürfen nur den jeweils autorisierten Teilnehmern bekannt sein. Gelingt es Fremden auf irgendeine Weise in Besitz von Schlüsseln zu gelangen, können auch sie die ausgetauschten Daten verstehen und sich als vermeintlich berechtigte Teilnehmer unerkannt an der Kommunikation beteiligen. Verschiedene Angriffsformen, wie der Janusangriff oder die Exhaustionsmethode stellen ein erhebliches Sicherheitsrisiko dar.

Nach dem für die Informationstheorie grundlegenden Satz von Shannon gilt ein Verschlüsselungssystem nur dann als perfekt sicher, wenn die Anzahl der möglichen Schlüssel mindestens so groß ist wie die Anzahl der möglichen Nachrichten [51, 66]. Damit ist die Anzahl der Schlüssel ebenfalls mindestens so groß wie die Anzahl der möglichen Chiffrate, die ihrerseits mindestens so groß wie die Anzahl der möglichen Klartexte sein muss. Heute bekannte Verschlüsselungsverfahren verwenden aber oftmals über längere Zeiträume ein und dieselben Schlüssel und sind somit durch kryptoanalytische Methoden angreifbar. Beispielsweise wurde in [44] gezeigt, dass die asymmetrische Verschlüsselung nach dem RSA-Verfahren (benannt nach den Erfindern Rivest, Shamir und Adleman) mit 768 Bit langen Schlüsseln zumindest theoretisch gebrochen wurde. Auch das symmetrische Kryptosystem Data Encryption Standard (DES) gilt nach heutigem Stand bereits als unsicher und wird nicht mehr für die praktische Anwendung empfohlen [7, S. 49]. Andere Verfahren wie 3DES oder Advanced Encryption Standard (AES) gelten z. Zt. nur deswegen als sicher, weil die momentan verfügbare Rechenleistung noch nicht hoch genug zum Brechen der Schlüssel ist [7, S. 50 und S. 56]. Solche Angriffe probieren bei so genannten Brute-Force-Attacken alle möglichen Schlüssel. Je größer die zur Verfügung stehende Rechenleistung ist, um so mehr Schlüssel können in einer bestimmten Zeiteinheit durchprobiert werden und entsprechend schneller wird der richtige Schlüssel gefunden. Es ist also nur eine Frage der Zeit und von zukünftigen Rechnerentwicklungen abhängig, bis auch solche Verfahren unsicher werden. Lediglich die Einmalverschlüsselung ist wegen der Einmaligkeit der Schlüsselverwendung nach dem Satz von Shannon perfekt sicher [68, S. 11, S. 40ff.].

Als Grundlage der Schlüsselerzeugung werden Zufallszahlen verwendet, und zwar in der Regel Pseudozufallszahlen, weil sie schnell und einfach generiert werden können. Diese sind jedoch deterministisch und müssen für die kryptographische Verwendung mit großem Aufwand statistisch nachbereitet bzw. auf ihre Anwendbarkeit hin geprüft werden.

Im Unterschied zu Pseudozufallszahlen besitzen echte Zufallszahlen folgende Eigenschaften:

- Zahlenfolgen sind nicht vorhersagbar;
- an jeder Stelle einer Zahlenfolge kommt jede Zufallszahl mit gleicher Wahrscheinlichkeit vor;
- auch Teilsequenzen solcher Folgen sind zufällig;
- die Zufälligkeit von Zahlenfolgen ist unabhängig von ihren Anfangswerten;
- bei wiederholter Erzeugung von Zufallszahlen unter gleichen Randbedingungen werden nicht die gleichen Werte produziert.

Echte Zufallszahlen sind in Aufgaben der Kryptographie den Pseudozufallszahlen vorzuziehen.

Die Zykluszeiten der Datenkommunikation in der Automatisierungstechnik liegen aktuell bei unter 1 ms, wodurch sich hohe Echtzeitanforderungen ergeben. Ein perfekt sicheres Verschlüsselungssystem muss also mit diesen Zykluszeiten mithalten und in entsprechend kurzer Zeit große Anzahlen neuer, einmaliger Schlüssel zur Verfügung stellen können. Bekannt ist, dass asymmetrische Verschlüsselungsmethoden wie RSA gegenüber symmetrischen wie DES etwa 500 mal langsamer sind (der Baustein Rico-1 von IBM verschlüsselt bspw. eine Information der Länge 128 Bytes asymmetrisch mit RSA in 23 ms, symmetrisch mit DES hingegen in 54 μs [32]) und deshalb für den kontinuierlichen Kommunikationsbetrieb in der Automatisierungstechnik nicht in Frage kommen.

Die aus der quantenphysikalischen Übertragung von Bits her bekannten Protokolle BB84 und E91, benannt nach den Erfindern Bennet und Brassard in 1984 bzw. Eckert in 1991, erlauben die sichere quantenphysikalische Übertragung von Bits [65]. Allerdings ist die Anzahl der sicher übertragbaren Bits bei weitem nicht ausreichend, um allein diese nach den Anforderungen der Automatisierungstechnik zur Schlüsselerzeugung zu verwenden. Heute in [64, S. 79] untersuchte Systeme erreichen eine Datenrate von 95 kBd, womit nur etwa 8 Ethernet-Pakete mit je 12 kBit Nutzlast pro Sekunde verschlüsselt werden können. Es würden jedoch nach [63] bereits in einem kleinen Netz ca. 3000 Pakete pro Sekunde verschlüsselt werden müssen. Diese Methode allein genügt also nicht den Anforderungen der Automatisierungstechnik.

1.3 Ziel der Arbeit

Die Aufgabe dieser Arbeit besteht darin, eine Vorrichtung und ein Verfahren zu entwickeln, wodurch eine vertrauliche und authentifizierte Kommunikation zwischen den Knoten von Automatisierungsnetzen ermöglicht wird.

Es wird zunächst eine Vorrichtung vorgestellt, die schnell, einfach und auch unter reproduzierbaren, unveränderten Randbedingungen und nicht abhängig von der Qualität einer zur Abtastung verwendeten Rauschquelle echte Zufallsbitströme bereitstellt. Dann wird ein Verfahren zur sicheren Verteilung dieser echten Zufallsbits vorgestellt, aus denen permanent und in großer Zahl neue Einmalschlüssel generiert werden. Auf diese Einmalschlüssel kann ohne zeitliche Verzögerung kontinuierlich und endlos zugegriffen und daraus ein Stromchiffre erzeugt werden, wodurch hohe Verarbeitungsgeschwindigkeiten ermöglicht werden, die perfekt sicher auch den hohen Echtzeitanforderungen der Automatisierungstechnik genügen. Durch den gemeinsamen Einsatz von Verschlüsselung und Verschleierung wird die Sicherheit noch erhöht.

Eine weitere Aufgabe ist der authentifizierte Betrieb von Netzknoten und deren gegenseitige Überwachung. Die Vorrichtung und das darin ablaufende Verfahren sollen nicht nur verhindern, dass Kommunikationsinhalte offengelegt werden, sondern darüber hinaus auch sicherstellen, dass die berechtigten Netzteilnehmer einer ständigen Kontrolle unterliegen, so dass keine Angreifer in die Netze eindringen oder dort agieren können. Durch fortlaufende Überprüfung der Knoten werden Fremdknoten, die nicht-autorisiert im Netz agieren, erkannt und von der weiteren Kommunikation ausgeschlossen, um Spionage zu verhindern.

Obwohl am Beispiel des Ethernet gezeigt, ist das Verfahren grundsätzlich für alle Feldbusse anwendbar, da es unabhängig von den heute bekannten Protokollen arbeiten kann. Die praktische Verwendbarkeit ist durch den Einsatz von Standardkomponenten gewährleistet.

1.4 Gliederung der Arbeit

Die Arbeit ist in acht Kapitel gegliedert. In diesem ersten Kapitel wurde eine Einführung in das Thema und die Problemstellung gegeben, der Stand der Technik erläutert und eine Lösung für die vorhandenen Aufgaben umrissen. Kapitel 2 zeigt auf, dass die Kommunikation in verteilten Systemen der Automatisierungstechnik grundsätzlich von Industriespionage oder Sabotage bedroht ist. Verschiedene Risiken, die insbesondere durch die stärker werdende Verbindung von Industrieanlagen mit dem Internet, die Vereinheitlichung der Feldbussysteme auf Ethernet-Standard und die Verwendung von Funknetzen auftreten, werden angesprochen. Nach einem Überblick im Kapitel 3 über die aktuellen relevanten Normen und Richtlinien, die die theoretische, organisatorische Grundlage für den Aufbau einer sicheren Kommunikation bilden, werden im Kapitel 4 dem Stand der Technik entsprechende Verschlüsselungsmethoden dargestellt. In Kapitel 5 wird dann ein neuer, chaosbasierter Generator für echte Zufallsbits vorgestellt. Auf diesem aufbauend, wird in Kapitel 6 ein neues Verfahren gezeigt, das permanent aus diesen Zufallsbits Einmalschlüssel generiert und für die perfekt sichere Verschlüsselung der Nutzdaten verwendet. In Kapitel 7 wird dieses Verfahren zunächst für die Automatisierungstechnik, aber auch für verschiedene andere Anwendungen modifiziert. Die Arbeit schließt mit den Ergebnissen in Kapitel 8.

Kapitel 2

Automatisierung von Maschinen und Anlagen

Die Automatisierungstechnik ist ein fachübergreifendes Gebiet, das sich mit der Konzipierung und Entwicklung von Automaten oder anderer automatisch ablaufender Vorgänge befasst und zum Ziel hat, technische Prozesse, Maschinen oder Anlagen selbstständig und unabhängig von Menschen zu betreiben. Je besser dieses Ziel erreicht wird, um so höher ist der so genannte Automatisierungsgrad [13].

2.1 Aufbau einer Automatisierungsarchitektur

Als gängiges Modell hat sich in der Automatisierungstechnik die in der Abbildung 2.1 [38] dargestellte *Automatisierungspyramide*, bestehend aus den drei Schichten Leit-, Prozess-, und Feldebene, durchgesetzt [77]. Jede dieser Ebenen hat ihre spezifischen Aufgaben und Anforderungen an die Geräte- und die Kommunikationstechnik.

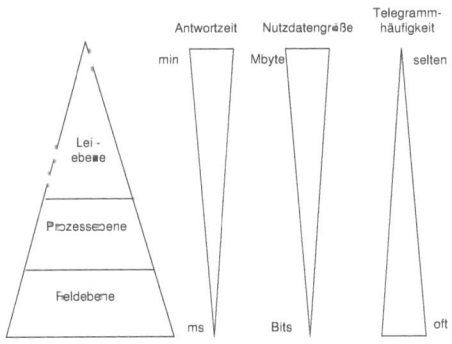

Abbildung 2.1: Automatisierungspyramide

Die gegenwärtigen Entwicklungen in der industriellen Automatisierung führen zu einer neuen Generation von verteilten Automatisierungssystemen, die sich durch neue Automatisierungskonzepte und verteilte Hard- und Softwarestrukturen von den klassischen Systemen unterscheiden. Die Verteilung von Funktionalität ergibt sich dabei

- aus Modularisierungs- und Wiederverwendungsaspekten von Maschinen und Anlagen [52, 55, 58] und
- durch die zunehmende Integration von Funktionalität in die Feldgeräte [60].

Systeme der Prozessleitebene müssen dazu untereinander (horizontale Integration) und mit übergeordneten Systemen der Betriebsleitebene (vertikale Integration) kommunizieren. In der Industrie werden Prozesse entweder mit PC-basierten Systemen oder mit SPS automatisiert. SPS arbeiten zyklusbasiert, d.h. sie durchlaufen einen stets ähnlichen Ablauf, in dem die Eingangs-Informationen gelesen, die Befehlszeilen abgearbeitet und die Ausgänge gesetzt werden. Während früher fest verdrahtete Systeme eingesetzt wurden, finden heute aufgrund gestiegener Ansprüche an die Flexibilität und Modularität von Automatisierungssystemen dezentrale vernetzte Strukturen Verwendung. Ausgelöst durch die Verschmelzung von Netztechnik und klassischer Automatisierungstechnik entstehen netzbasierte Automatisierungssysteme [22, 23]. Ein entweder als SPS oder als PC ausgeführtes Prozessdaten-Informations- und Managementsystem (PIMS) kann demnach vermittelnd zwischen den folgenden beispielhaft ausgewählten Systemen wirken:

- Prozessleitsysteme (PLS),
- Lagerautomatisierung,
- Betriebsdatenerfassung,
- Waagen,
- Rezepturverwaltung und
- Materialfluss-Steuerungssysteme.

Dem PIMS überlagert sind die mehr betriebswirtschaftlich orientierten Funktionen des ERP, z. B. SAP R/3 bzw. Manufacturing Executive System (MES – zur effizienten Fertigungssteuerung), die alle administrativen und operativen Aufgabenbereiche entlang der gesamten Wertschöpfungskette mit Hilfe einer zentralen Datenbasis integrieren. ERP-Systeme werden zur Planung, Steuerung und Kontrolle der Informations-, Material-, Personal-, Energie- und Zahlungsflüsse im Unternehmen eingesetzt. Dem PIMS unterlagert ist die maschinennahe Ebene mit Aktoren und Sensoren.

Die in der Abbildung 2.2 gezeigte Automatisierungsarchitektur besteht aus mehreren SPS, einer größeren Anzahl von Sensoren und Aktoren sowie dem die einzelnen Komponenten verbindenden Netz mit Ein-/Ausgabe-Baugruppen. Auf der Prozessebene laufen diskrete, kontinuierliche Prozesse ab und die Antriebstechnik übernimmt die notwendigen Bewegungen der Mechanik.

Über das Netz, welches bisher aus verschiedenen Feldbusstandards mit unterschiedlichen Protokollverfahren bestehen konnte, werden alle für die Steuerung des Prozesses relevanten Daten

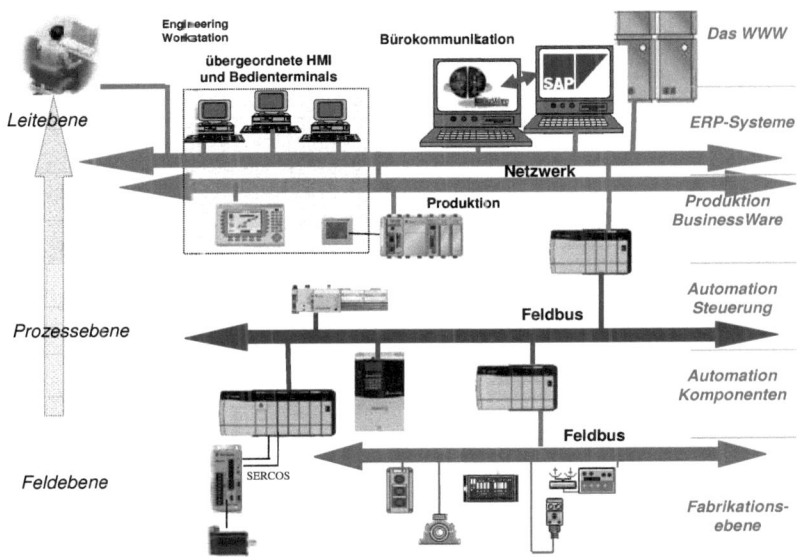

Abbildung 2.2: Automatisierungsarchitektur [61]

transportiert. Im Verhältnis zu anderen Feldbussystemen wächst die Verwendung des industriell eingesetzten Ethernet momentan jährlich weltweit um über 50 % (Deutschland 59 %) [34]. Die durchgängige Daten- und Prozessintegration auf Ethernet-Basis soll gegenüber anderen Feldbusstandards einen Produktivitätsschub bringen. Hohe Bandbreite, hoher Bekanntheitsgrad und einfache Anbindung von Netzteilnehmern sollen den Transport und die Verarbeitung immer größerer anfallender Datenmengen erlauben. Damit werden bisher proprietäre, lokal eingesetzte Feldbussysteme abgelöst [38].

Zur Datenübertragung innerhalb eines Automatisierungssystems werden entweder kabelgebundene Bustechnik oder Funknetze verwendet.

Kabelgebundene Technik besteht aus spezifizierten Kabeln, Steckern und Zubehören. Datenströme werden zuverlässig übertragen, solange die Verbindungen nicht beschädigt sind und andere Widrigkeiten wie lose Stecker oder schlecht konfektionierte Kabel ausgeschlossen sind. Auf eine „Insellösung" kann nur lokal zugegriffen werden. Bei Anschluss des Automatisierungssystems an übergeordnete, unter Umständen mit dem Internet verbundene Systeme ist ein Zugriff auch von dort möglich, bei erfolgreichen Hackerangriffen oder geplanten Fernwartungszugriffen auf das übergeordnete System auch von außerhalb.

Funknetze gewinnen immer mehr an Bedeutung, weil ein Großteil des Verkabelungsaufwandes entfällt und Netzknoten auch an exponierten Stellen in einer Maschine oder Anlage prozessnah platziert werden können. Zum einen werden lokale Netze durch den Einsatz von Wireless LAN (WLAN = drahtloses lokales Netz) oder Bluetooth (Funknetz für mobile Kleingeräte mit kurzer Reichweite) per Funk erweitert oder sogar ersetzt, zum anderen werden Notebooks, Mobiltelefone und Personal Digital Assistants (PDA) verstärkt genutzt, um jederzeit Zugriff auf die Dienste des Internet und auf die Automatisierungsarchitektur zu haben [33]. Es ergibt sich auch die Möglichkeit, Automatisierungsarchitekturen oder Produktionslinien leicht um weitere Module kabellos zu ergänzen.

Verbindungen über Funk werden auch im Alltag oft als Erweiterung kabelgebundener Netze sowie zum Zugriff auf das Internet in öffentlichen Bereichen (sog. Hotspots) bzw. als Bestandteil von Routern eingesetzt. Im privaten Bereich liegt die Nutzungsrate laut einer Studie des Bundesamtes für Sicherheit in der Informationstechnik (BSI) bereits bei 27 %. Auch im Unternehmensbereich werden mobile Funknetze in Deutschland immer häufiger eingesetzt, wobei gilt: Je größer das Unternehmen, desto eher werden Funknetze betrieben [24]. Bei Laptops gehören integrierte WLAN-Module und bei PDAs Bluetooth-Schnittstellen mittlerweile zur Standardausstattung. So wird Angreifern ermöglicht, bei unzureichender Sicherung von Unternehmensnetzen, insbesondere von Funknetzen, nicht nur in Unternehmensnetze einzudringen und vertrauliche Daten zu sammeln, sondern beispielsweise auch unautorisiert Spam-Mails zu versenden. Dadurch können Unternehmen massiv geschädigt werden, und das nicht nur finanziell, sondern auch durch Imageverluste [45].

Einerseits wird bei der Verwendung eines Funknetzes im Maschinen- und Anlagenbau angestrebt, eine große Reichweite des Netzes zu erhalten, um zuverlässig alle stationären und mobilen Teilnehmer erreichen zu können. Auf der anderen Seite muss aber die räumliche Ausdehnung eines Funknetzes auf die Anlage oder Maschine beschränkt bleiben, um ein Abhören des Datenverkehrs durch Unbefugte zu verhindern. In der Praxis werden deshalb Kompromisse geschlossen werden müssen, da sich Funkwellen schwer kontrollieren lassen. Antennen und Sendeleistungen müssen sehr aufwändig geplant, Abstrahlcharakteristiken von Antennen berücksichtigt und Feldstärkemessungen durchgeführt werden. Deshalb wurden verschiedene Sicherheitsstandards entworfen, die das Abhören zwar nicht verhindern, den Datenverkehr jedoch entsprechend schützen sollen (vgl. Kapitel 4.5).

2.2 Trends in der Automatisierungstechnik

Die Grenze zwischen den Automatisierungseinrichtungen und der unternehmensweiten Informationstechnik verfließt immer mehr und kann künftig nur noch funktional, z. B. mit den Prozess-Funktionen des Steuerns und Regelns, mit den Echtzeiteigenschaften und der erhöhten Verfügbarkeit definiert werden. Über PC-basierte Systeme ziehen die im Bürobereich bekannten Betriebssysteme und Programme mit allen Vor- und Nachteilen in die Prozessautomatisierung ein.

In der VDMA-Schrift „Maschinenintegration – Produktion in vernetzten Umgebungen" von Mai 2008 [73] heißt es dazu am Beispiel der Druck- und Papierindustrie: „Die Realisierung des digitalen Workflows verbessert dabei nachhaltig die Prozesswirtschaftlichkeit in den Unternehmen. Vernetzung bedeutet die Optimierung der betrieblichen Kommunikation und ist die notwendige Basis für das Computer Integrated Manufacturing (CIM) in der Industrie. Die Organisation, Verwaltung und rasche Verfügbarkeit von Daten steht im Mittelpunkt aller Konzeptionen für ein leistungsfähiges Workflow-Management".

Der digitale Workflow bedeutet demnach auch eine Verbesserung der Kommunikation und die schnelle Information über jeden Auftrag. Dem Kosten- und Produktivitätsdruck wird mit vorausschauenden Wartungskonzepten wie Condition Monitoring begegnet. Da die Anlagen mit höchster Verfügbarkeit laufen müssen, sollen ungeplante Stillstandszeiten vermieden werden. Umfassende Fernwartungskonzepte bieten daher dem produzierenden Betrieb quantifizierbare Vorteile mit Blick auf Produktivität und Flexibilität. Die vernetzte Produktion integriert und steuert Prozesse firmen- und standortübergreifend. Das Zusammenspiel von Auftragsinformationen mit unterschiedlichen Beteiligten an unterschiedlichen Orten soll ebenfalls die Produktivität steigern. Die mögliche Fortführung des Prozesses über die eigentliche Produktion hinaus – unter Einbeziehung des Kunden bis hin zu Logistik und Verteilung – erweitert durch eine zum Teil weltweite Vernetzung die Wertschöpfungskette des produzierenden Betriebes. Eine Standort-Vernetzung für die Wettbewerbsfähigkeit von Produktionsbetrieben im globalen Markt ist deshalb unerlässlich. Als physikalisches Netz dient dazu das Internet [73].

Der Anstieg der geschäftlichen und verwaltungstechnischen Internetaktivitäten führt in manchen Bereichen zu neuen Herausforderungen für die IT-Sicherheit: Zum einen bieten sich alleine durch die höhere Online-Präsenz mehr Möglichkeiten zu Infektionen mit Schadprogrammen. Zum anderen werden im Zuge dieser Aktivitäten verstärkt sensible Informationen über das Internet ausgetauscht, wodurch sich neue Möglichkeiten für Online-Kriminalität bieten. Im gleichen Maße wie Wirtschaft und Verwaltung neue Modelle entwickeln, passen auch Kriminelle ihre Aktivitäten den neuen Gegebenheiten an und überraschen Organisationen und Nutzer mit neuen Angriffsformen [45].

In der Industrieautomation werden unter anderem in der Bedienung, Programmierung, Prozessvisualisierung, Robotik, Langzeit-Archivierung und Simulation von Prozessen IPC eingesetzt. Sie können auch mit herkömmlichen industriellen Steuerungen oder SPS, insbesondere Soft-SPS kombiniert werden [61]. IPC sind im Vergleich zu den Geräten für den Bürobereich (Office-PC) besonders robust gegenüber Umwelteinflüssen und elektromagnetischen Störungen sowie weitgehend ausfallsicher ausgelegt. Die Zahl der eingesetzten IPC-basierten Automatisierungslösungen und Internet-basierten Dienste (z. B. Fernwartung) steigt stetig. 90 % aller Automatisierungsnetze sind heute bereits mit übergeordneten Unternehmensnetzen und dem Internet verbunden. Die geschätzte Anzahl der gezielten Angriffe auf Netze in der industriellen Automatisierung beläuft sich auf 2000 bis 3000 pro Jahr [9].

Durch die Verwendung von Ethernet in klassischen Automatisierungsarchitekturen und deren Anbindung an übergeordnete Systeme innerhalb eines Standortes sowie die globale Vernetzung von Standorten untereinander wird die Abgrenzung erschwert. Bisherige Kommunikationsinseln mit geschlossener interner Kommunikation entwickeln sich hin zu komplexen Netzen mit einer Vielzahl unterschiedlicher zum Teil unsicherer Zugangspunkte. Der Maschinen- und Anlagenbau sieht sich also mit der Anforderung konfrontiert, mehrere Automatisierungsnetze von Maschinen untereinander und diese auch in Netze seiner Kunden sicher zu integrieren.

2.3 Kommunikation mit Ethernet

Ethernet ist als Protokoll unter dem Standard des Institute of Electrical and Electronical Engineers (IEEE) 802.3 definiert [50] und kann mit dem Schichtenmodell des Open Systems Interconnection Reference Model (OSI) beschrieben werden. Genutzt werden in Verbindung mit Transmission Control Protocol (TCP) und Internet-Protocol (IP) die Schichten 1 bis 4 (vgl. Abbildung 2.5). Die Daten werden wie bei den meisten Netzen in Datenpaketen, auch Rahmen genannt, gekapselt übertragen. Es ist demnach ein paketvermittelndes Netz. Einzelheiten und Erläuterungen zum OSI-Schichtenmodell und zu Ethernet, insbesondere der industriell genutzten Varianten, wie z. B. EtherNet/IP, Profinet, MODBus TCP, EtherCat oder Powerlink finden sich in [37] und [50]. Der Aufbau eines Ethernetpakets ist in Abbildung 2.3 dargestellt.

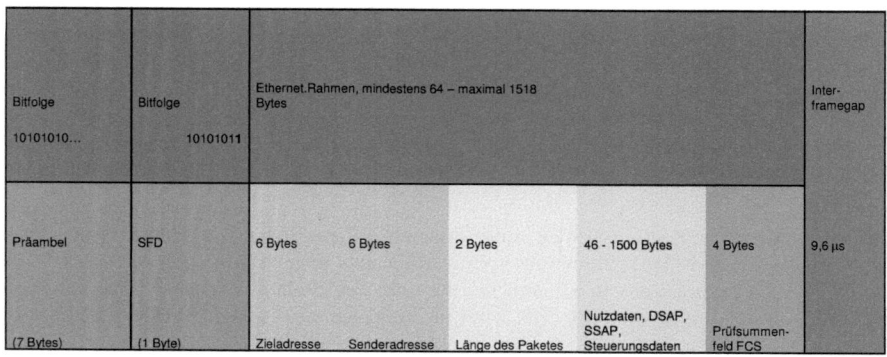

Abbildung 2.3: Aufbau eines Ethernetpaketes

Der IEEE 802.3-Rahmen enthält 7 Bytes Präambel und ein anschließendes Startbyte, das dem Empfänger zur Bitsynchronisation und zur Lokalisierung der ersten Rahmen-Bits dient. Für die Bitsynchronisation wird als Bitmuster eine 1010-Kombination in der Präambel gesendet, gefolgt vom Start of Frame Delimiter (SFD), dessen Bitmuster den Rahmenbeginn kennzeichnet. Die Besonderheit sind die beiden aufeinander folgenden 1-Bits am Schluss der Sequenz. Die dann folgenden Datenfelder kennzeichnen die Absender- (Destination) und die Zieladresse (Source), die jeweils 6 Bytes lang sind. Bei diesen dient das erste Bit für die Kennzeichnung von Individual- und Gruppenadressen, während das zweite Bit zwischen lokalen und globalen Adressen unterscheidet. Es schließt sich ein Längen-Feld (Length) von 2 Bytes an, das die Nummer der Bytes spezifiziert, die als Nutzdaten folgen. Der Wert des Feldes kann zwischen 46 Bytes und 1500 Bytes liegen. Diese bis hier beschriebenen Bytes bilden den Kopf des Rahmens, den so genannten Header.

Dann folgt das Nutzdatenfeld mit mindestens 46 Bytes und maximal 1500 Bytes. Ist die Menge der Nutzdaten geringer als 46 Bytes, wird das Feld dennoch auf den Mindestwert von 46 Bytes aufgefüllt. Im 802.3-Standard sind innerhalb der Nutzdaten 3 Bytes mit dem Destination Service Access Point (DSAP), dem Source Service Access Point (SSAP) und einem Steuerbyte mit

Steuerungs-Informationen für die Datenflusssteuerung definiert, so dass die effektiven Nutzdaten max. 1497 Bytes ausmachen. Zum Abschluss wird das 4 Bytes lange Prüfsummenfeld Frame Check Sequence (FCS) angefügt. Der Absender berechnet als zyklische Blockprüfung den Cyclic Redundancy Check (CRC)-Wert, der die beiden Adressfelder, das Length-Feld und das Nutzdatenfeld abdeckt. Das Ergebnis dieser Berechnung wird dann im FSC-Feld platziert. Der Empfänger führt beim empfangenen Rahmen die gleiche CRC-Berechnung aus. Bei gleichem Ergebnis der CRC-Berechnung wird ein Rahmen akzeptiert, andernfalls wird dieser verworfen. Die Pause von 9,6 μs zwischen den Rahmen (Interframe-Gap) wird zur Erkennung von Fehlern und Wiederherstellungsoperationen benötigt.

Die maximale Länge der Rahmen beträgt 1526 Bytes, die minimale Länge 72 Bytes. In jedem dieser Pakete stecken alle nötigen Informationen, wie Empfänger- und Absenderadresse sowie Daten und Fehlerprüfungsinformationen. Das Paket wird als eine Einheit versendet. Die Größe der Nutzdatenfelder der IP- und TCP-Pakete wird automatisch an die Bedingungen von Ethernet angepasst [50].

In Schicht 4, der Transportschicht, wird das TCP verwendet, das eine abgesicherte Übertragung von Daten ermöglicht. Schicht 3, die Vermittlungsschicht, verwendet IP, das die Adressierung und die Wegewahl zu den einzelnen Netzknoten vornimmt. Gemeinsam sind TCP und IP in der Lage, Daten zuverlässig an Netzknoten zu transportieren. Der Ethernet-Rahmen stellt auf Schicht 2 gewissermaßen den Träger bereit, in dem die beiden anderen Pakete gekapselt zum Empfänger versendet werden. Das TCP- und das IP-Paket erhalten wie das Ethernetpaket einen Header, in dem neben Steuerdaten auch Absender- und Empfängeradresse enthalten sind [50].

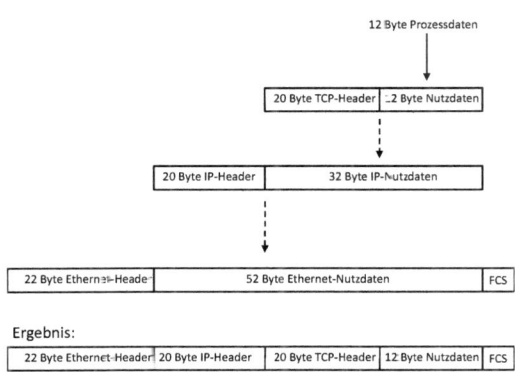

Abbildung 2.4: Prinzip der Kapselung [50]

Im Beispiel der Abbildung 2.4 sind 12 Byte Prozessdaten erzeugt worden, die übertragen werden sollen. Die Kapselung erfolgt in der Weise, dass die 12 Byte zu übertragenden Prozessdaten zunächst in den Nutzdatenteil des TCP-Paketes in Schicht 4 verpackt und dann als Ganzes mit TCP-Header in den Nutzdatenteil eines IP-Paketes der Schicht 3 eingefügt werden. Dieses wiederum wird mit IP-Header in den Nutzdatenteil eines Ethernet-Paketes (Schicht 2) verpackt und dann über die Leitung (Bitübertragungsschicht, Schicht 1) als Bitstrom in Abhängigkeit des verwendeten Mediums (z. B. Kabel oder Lichtwellenleiter) verschickt (vgl. Abbildungen 2.4 und 2.5 [50]). Es entsteht ein Ethernetpaket, das den Header des Ethernetpaketes, den Header des IP-Paketes, den Header des TCP-Paketes und dann die in den Nutzdatenteil des TCP-Paketes eingefügten Prozessdaten überträgt [50]. Der Empfänger entkapselt das Ethernetpaket in umgekehrter Reihenfolge und erhält aus den Nutzdaten des TCP-Paketes in Schicht 4 die Prozessdaten zur weiteren Verarbeitung zurück.

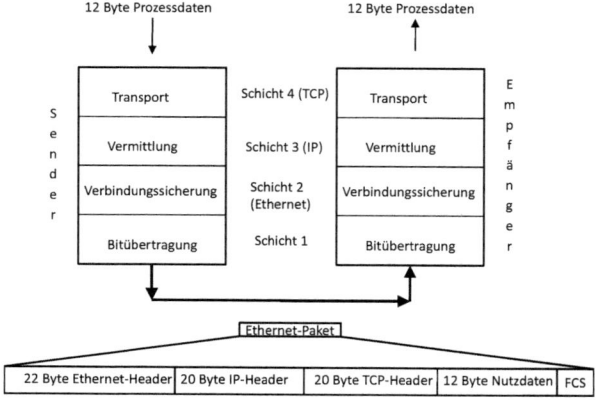

Abbildung 2.5: Ethernetkommunikation nach OSI

2.4 Bedrohungen der Maschinenautomatisierung

Bedroht wird der Netzverkehr und damit der sichere Betrieb einer Maschine oder Anlage durch

- das Abhören und Verändern von Nachrichten (Snarfing, Janus-Angriffe),
- einen unbefugten Eingriff in die Maschinensteuerung,
- den Transport von Schadsoftware (mit oder ohne Schaden am Automatisierungssystem, als gezielter Angriff oder unbewusst eingeschleust),
- das Überfluten des Netzes mit unnützem Datenverkehr bzw. Angriffe auf die Verfügbarkeit des Rechners (Denial-of Service-Angriff (DoS), Distributed Denial-of-Service-Angriff (DDoS)) mit der Unterscheidung Bandbreitensättigung, Ressourcensättigung und Systemabsturz [16],
- ferngesteuerte Bot-Netze (Zusammenschaltung mehrerer fremdgesteuerter Rechner zum Versenden von Schadsoftware).

Als *Snarfing* wird der Informationsdiebstahl oder die Datenmanipulation in Netzen bezeichnet, das bei kabellosen Netzen aufgrund der Funktechnik auch beim so genannten *WarWalking* (oder beim Abfahren ganzer Gegenden oder Industriegebiete mit dem Auto *WarDriving* genannt) ausgeführt werden kann. Dabei werden mit einem funkfähigen Notebook oder PDA von öffentlich zugänglichen Plätzen aus offene Funknetze gesucht, Sicherheitslücken ausgenutzt und Netze gezielt abgehört oder angegriffen. Bei *Janus-Angriffen* steht ein Angreifer entweder physikalisch oder logisch zwischen zwei Kommunikationspartnern und hat dabei mit seinem System vollständige Kontrolle über den Datenverkehr zwischen zwei oder mehreren Netzteilnehmern und kann alle Informationen mitlesen und verändern. Zur Schadsoftware zählen nach [45] Viren, Würmer, Trojaner sowie ausführbare Internet-Inhalte, die so genannten *Aktiven Inhalte*, über die Programme auf einem Rechner installiert werden können.

Grundsätzlich unterliegt jedes IT-System einer Gefährdung durch Viren- oder Trojanerattacken. Diese Formen von Schadsoftware sind in der Lage, z. B. Login-Daten, Netzinformationen, Datenmaterial und Dokumente Unbefugten zugänglich zu machen, Dateien zu verändern, andere Netzcomputer zu manipulieren oder die Kontrolle über sie zu übernehmen. Trojanisierte E-Mails, denen ein *social engineering* (Ausfragen von vertraulichen Informationen) vorausgehen kann, spähen zunächst die Systemumgebung der angegriffenen Rechner aus, um im Weiteren auch Daten abzuziehen.

Die Vorgehensweise bei Angriffen auf fremde Kommunikationssysteme mittels Trojanern hat mittlerweile eine neue Qualität erreicht. Während der klassische Verbreitungsweg über Datenträger immer noch eine nicht zu unterschätzende Gefahr darstellt, werden Angriffe immer häufiger mit spezieller, auf das Opfer zugeschnittener Spionagesoftware durchgeführt. Zunächst wird ermittelt, welche Vorlieben, Interessen oder Hobbys die Zielperson haben könnte, um sie mit einer entsprechenden E-Mail zu konfrontieren. Beim Öffnen dieser Mail wird dann unbemerkt ein Trojaner platziert. Aktuelle Trojaner bzw. ganz neu auftauchende Trojaner werden teilweise von marktgängigen Schutzprogrammen nicht erkannt [3, 20].

Der im Juni 2010 bekannt gewordene Angriff der Schadsoftware W32.Stuxnet zur Sabotage von Kraftwerken, chemischen Fabriken und industriellen Produktionsanlagen ist nur ein Beispiel, das zeigt, dass breit angelegte Sicherheitsmaßnahmen überlegt werden müssen. Über eine vorhandene Internetverbindung wird zuerst die PC- und dann gezielt die SPS-Ebene infiziert, um Anlagen zu manipulieren oder auszuschalten [2, 19, 36].

Es ist bekannt, dass zum Schließen von Sicherheitslücken notwendige Updates von Betriebssystemen, Antiviren- oder Anwenderprogrammen durchgeführt werden müssen. Und dies gilt nicht nur für PC-Lösungen, sondern für alle eingesetzten Komponenten, die ein Betriebssystem verwenden [73]. Heutzutage müssen Antiviren-Programme stündlich und Updates der Betriebssysteme sofort bei Verfügbarkeit aktualisiert werden, weil die Gefährdung für PC und IPC, mit Viren oder anderer Schadsoftware infiziert zu werden, als sehr hoch einzustufen ist [3, 20, 42].

Einer Studie des BSI zufolge haben bereits 63 % der Internetnutzer persönliche Erfahrungen mit Viren und Würmern gemacht, 35 % mit Trojanern und 19 % mit Spionagesoftware. Die Tendenz ist weiter steigend [45]. Im gleichen Bericht wird festgestellt, dass nur 18 % befragter Unternehmen mehr als 7,5 % des IT-Budgets in IT-Sicherheit investieren. Ein Grund für diese geringe Zahl ist dem Bericht zufolge, dass bei mehr als der Hälfte der befragten Unternehmen das Bedrohungsrisiko für das eigene Unternehmen als gering eingestuft wird.

Updates von Betriebssystemen und Antivirenprogrammen müssen auch bei IPC vorgenommen werden. Das Aufspielen von Updates hat jedoch oftmals einen Neustart des Gerätes zur Folge. Der Neustart eines IPC bedeutet aber auch, dass der Prozess bzw. die Produktion angehalten werden muss, wenn kein Redundanzsystem zur Verfügung steht. Ungeplante Stillstandszeiten sind für Produktionsbetriebe nicht akzeptabel. Eine Stillstandszeit ist ein Produktionsstopp, durch den hohe Kosten durch Lieferverzögerungen entstehen können. Auch können z. B. Kraftwerksprozesse, chemische Prozesse oder Produktionsanlagen der Stahl-, Aluminium oder Kunststoffindustrie nur nach einer langwierigen Vorbereitung anhalten und wieder anlaufen. Updates müssen dementsprechend bei geplanten Stillständen eingespielt werden. Der Abstand solcher geplanter Stillstände hängt von den Wartungsintervallen der Maschinen und Anlagen ab und liegt erfahrungsgemäß zwischen wenigen Wochen und mehreren Monaten. Notwendige, wichtige Sicherheitsupdates der Betriebssysteme oder von Antivirus-Lösungen werden also nicht oder nur selten durchgeführt. Es liegt also ein Konflikt zwischen hoher Sicherheit und geringer Stillstandszeit vor.

In modernen Industrieanlagen werden nicht nur zunehmend Systeme lokal miteinander vernetzt, sie werden auch mit Fernwartungs- und Ferndiagnosesystemen ausgerüstet. Damit sollen über große Entfernungen Funktionalität, Service und Kundennähe gewährleistet sein, so, als ob ein Service-Techniker lokal vor Ort wäre. Jedoch werden dabei auch sensible Informationen wie Passwörter, Messdaten, Parameter und firmeneigenes Wissen übertragen. Sicherheitsrelevante Funktionen können fernwirksam geschaltet werden. Zeichnet ein Unbefugter eine solche offene Kommunikation auf, kann er jederzeit gefährdende Funktionen auslösen oder vertrauliche Informationen sammeln.

Das Problem stellt sich in der Varianz und dem Umfang der notwendigen Abwehrmaßnahmen bei gleichzeitiger Erlaubnis des Zugriffs auf die Maschinenautomatisierung und Geheimhaltung sensibler Daten dar. Darum sollten sich die notwendigen Schutzmaßnahmen von denen der Büro-IT unterscheiden, um einen praxisgerechten, sicheren Betrieb zu gewährleisten.

Grundsätzlich sind verschiedene Szenarien denkbar:

- Der Angreifer ist ein Mitarbeiter des Produktionsbetriebes und hat direkten Zugang zum Unternehmensnetz.
- Der Angreifer ist kein Mitarbeiter des Produktionsbetriebes, hat aber direkten Zugang zu diesem Unternehmen oder zum Unternehmensnetz, z. B. als externer Service-Mitarbeiter.
- Der Angreifer ist kein Mitarbeiter des Produktionsbetriebes, hat keinen direkten Zugang zum Unternehmen, jedoch zum Unternehmensnetz, z. B. durch Abhören eines Funknetzes.

Es kann also von innen oder von außen angegriffen werden.

In diesen Szenarien helfen Strukturanalysen, Schwachstellen aufzudecken. Schwachstellen sind notwendige Bedingungen, damit eine latent vorhandene Bedrohung einen Schaden bewirken kann. Schwachstellen können beseitigt werden, Bedrohungen sind jedoch ständig vorhanden. Durch ein Risikomanagement, zu dem auch Strukturanalysen gehören, werden technisch und organisatorisch wirksame sowie wirtschaftlich sinnvolle Schutzmaßnahmen eingeleitet und Schwachstellen geschlossen [56].

In der Prozesstechnik treten Schwachstellen beispielsweise auf bei

- Automatisierungskomponenten und IPC,
- systemnaher Middleware (z. B. OPC-Server),
- Bedienterminals und
- Zugriffspunkten zu Netzen.

Aktuell wird als wirksamste Abhilfe gegen unbefugte Zugriffe die Beschränkung der zulässigen Kommunikation mit kritischer Maschinen- oder Anlagenteilen (Zellen) auf das operativ erforderliche Maß empfohlen. Möglich ist dies durch den Einsatz dezentraler Firewalls mit geeignetem Regelwerk, das entweder aus der Systemdokumentation abgeleitet oder aus einer Lernphase direkt am Netz gewonnen werden kann. Als Regel gilt: "Was nicht explizit erlaubt ist, ist verboten!" [73].

Für Wartungs-, Montage- oder Reparaturarbeiten an Maschinen und Anlagen werden von Betrieben häufig Service-Techniker der verschiedenen Maschinen- und Anlagenbauer zusätzlich zu eigenem Personal angefordert, welche lokal oder aus der Entfernung Arbeiten am Automatisierungssystem ausführen. Um sicherzustellen, dass jeder Techniker wirklich nur die Zugriffsrechte bekommt, die er benötigt, ist eine Benutzererkennung mit Authentifizierung notwendig, über welche vorher festgelegte Rechte freigeschaltet werden. So kann der Zugriff personen- und funktionengebunden auf Teilbereiche beschränkt oder in vollem Umfang erlaubt werden. Die Zugriffsrechte können dabei lokal hinterlegt sein, lokal eingegeben werden oder die Authentifizierung erfolgt über eine Fernabfrage von einem nicht-lokal verfügbaren Server.

Grundsätzlich kann die Authentifizierung für die Rechtevergabe durch die Authentisierung von

- Wissen (z. B. Passwörter oder persönliche Identifikationsnummern (PIN)),
- Besitz (z. B. Codekarte, Schlüssel, Radio-Frequency Identification (RFID)-Chips, USB-Dongle),
- äußere Merkmale (biometrische Eigenschaften)

oder aus Kombinationen dieser Möglichkeiten vorgenommen werden [7, 68].

Die Praxis-Beispiele von EC-Karte und PIN, das Zwei-Schlüssel-Prinzip bei Banktresoren oder der digital hinterlegte Fingerabdruck auf Personalausweisen und Reisepässen sind allgemein bekannt. Analog dazu können dem Wartungs- und Servicepersonal Passwort und/oder Codekarte zugewiesen sowie ein Fingerabdruck elektronisch aufgezeichnet werden. Diese Parameter erlauben, einzeln oder kombiniert, einen anwenderbezogenen Zugang zu bestimmten Bereichen.

Bestehende Schwachstellen sind jedoch:

- Passwörter können ausgespäht, herausgefunden oder vergessen werden,
- Codekarten oder Schlüssel können gestohlen oder verloren werden,
- biometrische Eigenschaften können nicht bzw. falsch erkannt werden, gefälscht werden oder sich mit der Lebenszeit verändern.

Fingerabdrücke können bereits mit Hilfe einer Anleitung aus dem Internet einfach kopiert werden und scheiden damit als sicherer Identitätsnachweis aus. Lebend-Erkennungen sollen solche Tricks verhindern [11]

In jedem Fall werden über eine Leitung Daten verschickt, die unbedingt geschützt werden müssen, denn das Abfangen im Klartext versendeter Nachrichten versetzt einen Angreifer in die Lage, selbst autorisiert auf Systeme zugreifen zu können.

2.5 Zusammenfassung Automatisierung

Netze der Automatisierungstechnik werden in zunehmendem Maße mit anderen Netzen verknüpft, seien es weitere Automatisierungsnetze oder übergeordnete Netze, die ihrerseits wiederum mit dem Internet verbunden sind. Des Weiteren halten neue Übertragungsmedien und -protokolle wie Funknetze und Ethernet Einzug in die Automatisierungstechnik. Steuerungssysteme werden durch IPC ergänzt oder ersetzt, die jedoch in Verbindung mit Ethernet-basierenden Netzen und Internet-Verbindung für dieselben bekannten Bedrohungen anfällig werden wie jeder Büro-PC mit Internet-Anschluss. Dabei entstehen Sicherheitsrisiken, die in der Vergangenheit wegen des fehlenden Internet-Anschlusses nicht bestanden. Konkret wird die Verfügbarkeit der Maschinen und Anlagen gefährdet, wenn Sicherheitsmaßnahmen nicht oder nur unzureichend berücksichtigt werden. Anforderungen an den zuverlässigen Betrieb von Maschinen und Anlagen aus Sicht der Automatisierungstechnik stehen teilweise im Widerspruch zu den dazu notwendigen Sicherheitsmaßnahmen und den hohen Echtzeitanforderungen. Aus heutiger Sicht lässt sich die vollständige Einführung neuester Ethernet-Technik oder von Funknetzen nicht mit den dringend notwendigen Sicherheitsmaßnahmen vereinbaren.

Im folgenden Kapitel werden einige für die Sicherheit von Netzen relevante Normen und Richtlinien gezeigt und es wird geprüft, inwieweit die Automatisierungstechnik davon profitieren kann.

Kapitel 3

Grundlagen der Bedrohungsabwehr

Dieses Kapitel beschreibt theoretische Grundlagen, wie Normen und Maßnahmen und prüft diese auf ihre Anwendbarkeit in Automatisierungsnetzen.

3.1 Normen und Richtlinien

Um Anwender bei der Abwehr von Bedrohungen gegen Netze der Informationstechnik zu unterstützen, wurden basierend auf anerkannten Regeln der Technik verschiedene Normen und Vorschläge entwickelt. Eine *Norm* ist gemäß DIN EN 45020 ein „Dokument, das mit Konsens erstellt und von einer anerkannten Institution angenommen wurde und das für die allgemeine und wiederkehrende Anwendung Regeln, Leitlinien oder Merkmale für Tätigkeiten oder deren Ergebnisse festlegt, wobei ein optimaler Ordnungsgrad in einem gegebenen Zusammenhang angestrebt wird" [43].

Relevant für den Schutz von informationstechnischen Netzen und Anlagen sind insbesondere:

- der Lagebericht des BSI,
- BSI-Standards wie der „Leitfaden IT-Sicherheit (IT-Grundschutz kompakt)" des BSI,
- die DIN ISO 27000 und
- die VDI-Richtlinie 2182.

3.1.1 Der Lagebericht des BSI

Im Lagebericht des BSI werden

- Bedrohungen untersucht und bewertet, welche durch technische Sicherheitslücken und ihre Nutzung entstehen,
- Chancen und Risiken beim Einsatz innovativer Technologien aufgezeigt sowie
- Trends aus den Bereichen Wirtschaft, Gesellschaft, Technik und Recht präsentiert [45].

Er gibt einen Überblick über den Umgang mit der Informationstechnik und legt dar, welche Hilfen das BSI unterschiedlichen Zielgruppen an die Hand geben kann.

Der Bericht des Jahres 2007 stellt eine Zunahme des Gefährdungspotentials im Vergleich zum Jahr 2005 fest. Mit zunehmender Verlagerung von geschäftlichen und privaten Aktivitäten in die virtuelle Welt geht auch eine Professionalisierung und Kommerzialisierung der IT-Bedrohungen einher. Daraus resultiert eine auch zukünftig anhaltend hohe Bedrohungslage der IT-Sicherheit bei Privatanwendern, Unternehmen und Verwaltungen [45]

Im Jahr 2006 wurden 7.247 neue Sicherheitslücken in Betriebssystemen wie Windows und Programmen wie den Office-Paketen von Microsoft entdeckt. Dies ist ein Anstieg um 40 % im Vergleich zum Vorjahr. Auch der prozentuale Anteil jener Sicherheitslücken, die von Angreifern für den Zugriff auf ein verwundbares System ausgenutzt werden können, erhöhte sich. 52,5 % der im Jahre 2006 analysierten Schwachstellen eigneten sich dafür, Benutzer- oder sogar Administratorrechte zu erlangen, mit denen dann umfangreiche Manipulationen am PC möglich werden. Ende des Jahres 2005 lag dieser Anteil noch bei 43 % [81]. Von einer darüber hinausgehenden Dunkelziffer muss ausgegangen werden, da nicht alle Sicherheitslücken an die Öffentlichkeit gelangen.

Schadprogramme (meist Trojaner und Würmer) stellen die häufigste Angriffsform gegen Informationssysteme und PCs dar. Angriffe gegen die Verfügbarkeit eines IT-Systems oder IT-Dienstes stiegen im Jahr 2006 ebenfalls an. Eine Ursache dafür ist die verstärkte Zunahme von ferngesteuerten Bot-Netzen aus mehreren Rechnern, die gerade für solche Angriffe aufgebaut oder zur Versendung von unerwünschten E-Mails (SPAM) genutzt werden.

Weiterhin stellt der Bericht fest, dass modulare Schadprogramme einen neuen Trend darstellen, um die Schäden an Computersystemen möglichst hoch zu halten. Dabei laden kleinere Schadprogramme unbemerkt ständig neue, größere Schadprogramme aus dem World Wide Web nach. Diese kleineren Schädlinge sind schwer erkennbar und nicht leicht zu bekämpfen.

Das bekannte „actio-reactio" zwischen Schädlingsprogrammierer und Bekämpfer dieser Schadprogramme kann also nur beendet werden, wenn effektive und effiziente Sicherungsmaßnahmen ergriffen werden, die nicht überwunden werden können.

3.1.2 BSI-Standards und Technische Richtlinien

BSI-Standards, wie der *Leitfaden IT-Sicherheit*, enthalten Empfehlungen des BSI zu Methoden, Prozessen und Verfahren sowie Vorgehensweisen und Maßnahmen mit Bezug zur Informationssicherheit. Das BSI greift dabei Themenbereiche auf, die von grundsätzlicher Bedeutung für die Informationssicherheit in Behörden oder Unternehmen sind und für die sich national oder international sinnvolle und zweckmäßige Herangehensweisen etabliert haben. Zum einen dienen BSI-Standards zur fachlichen Unterstützung von Anwendern der Informationstechnik. Behörden und Unternehmen können die Empfehlungen des BSI nutzen und an ihre eigenen Anforderungen anpassen. Dies erleichtert die sichere Nutzung von Informationstechnik, da auf bewährte Methoden, Prozesse oder Verfahren zurückgegriffen werden kann. Auch Hersteller von Informationstechnik oder Dienstleister können auf die Empfehlungen des BSI zurückgreifen, um ihre Angebote sicherer zu machen. Zum anderen dienen BSI-Standards auch dazu, bewährte Herangehensweisen in ihrem Zusammenwirken darzustellen [46].

Der „Leitfaden IT-Sicherheit" bietet nicht nur eine Vorgehensweise für den Aufbau einer Sicherheitsorganisation, sondern unterstützt auch bei der Risikobewertung, bei der Überprüfung des vorhandenen IT-Sicherheitsniveaus sowie bei der Umsetzung von Maßnahmen.

Es werden organisatorische Maßnahmen ohne technische Details vorgestellt, die einem Unternehmen sehr allgemein und grundlegend Hilfestellung geben, ein umfassendes Sicherheitskonzept zu implementieren. Die dargestellten Beispiele beziehen sich zwar alle auf die Büroumgebung, lassen sich aber prinzipiell auf jede kommunizierende Architektur übertragen.

Ergänzt werden die oben genannten Standards durch Technische Richtlinien des BSI [46].

3.1.3 Die DIN ISO 27000

Mit der Zertifizierung nach DIN ISO 27000 auf Basis des IT-Grundschutzes des BSI können Unternehmen ihr IT-Sicherheitsmanagement sowie konkrete IT-Sicherheitsmaßnahmen überprüfen und von einer Bundesbehörde als neutraler Stelle bestätigen lassen. Die DIN ISO 27000 bietet Grundlagen zum Aufbau eines Informationssicherheitsmanagements. Diese internationale Norm sieht einen strukturierten Grundschutz mit den dazu notwendigen Sicherheitsmaßnahmen vor. Dabei muss nicht unbedingt das gesamte Netz betrachtet werden, sondern es können auch lediglich einzelne Teilbereiche einbezogen werden [15].

Folgende Phasen werden unterschieden:

- Planungsphase,
- Implementierungsphase,
- Überwachungsphase.

In der *Planungsphase* wird der gewünschte Grad der Sicherheit spezifiziert und ein Sicherheitskonzept erstellt. Dann werden in der *Implementierungsphase* die ausgewählten Maßnahmen umgesetzt. Durch den Einsatz von Routern, Switches und angemessener Sicherheitssoftware wird die erforderliche Sicherheit gewährleistet. In der *Überwachungsphase* wird auf die Einhaltung der Richtlinien geachtet. Insbesondere muss immer wieder überprüft werden, ob der definierte Schutz noch ausreichend ist oder an ein neu definiertes Sicherheitsniveau angepasst werden muss. Weiterhin wird auf spezielle Belange von Funknetzen eingegangen [15].

3.1.4 Die VDI-Richtlinie 2182

Zu Beginn des Jahres 2008 wurde die VDI-Richtlinie 2182 verabschiedet [18]. Mit dieser Richtlinie wird ein Modell vorgestellt, das auf einem prozessorientierten und zyklischen Ansatz basiert. Der beschriebene Prozess unterstützt den Anwender des Modells bei der Bestimmung und Bewertung einer angemessenen und wirtschaftlichen Sicherheitslösung für einen konkreten Betrachtungsgegenstand. Ziel der VDI-Richtlinie ist die Beschreibung einer Vorgehensweise, mit der die Informationssicherheit von automatisierten Maschinen und Anlagen durch die Umsetzung von konkreten Maßnahmen erreicht werden kann.

Die Richtlinie sieht vor, dass unter Berücksichtigung der Ergebnisse einer Strukturanalyse die für den Betrachtungsgegenstand (Automatisierungsgerät, Asset) relevanten Schutzziele festgelegt werden, die mit Hilfe der zu erstellenden Lösung erreicht werden sollen. Die Analyseschritte sind:

- Anlagenbestandteile und Automatisierungsgeräte identifizieren,
- relevante Schutzziele ermitteln,
- Bedrohungen analysieren,
- Risiken analysieren und bewerten,
- Einzelmaßnahmen aufzeigen und Wirksamkeit bewerten,
- Gesamtlösung auswählen,
- Gesamtlösung implementieren und betreiben sowie
- Audit durchführen.

Typischerweise sollten nach dieser Norm die Schutzziele von Automatisierungssystemen auf das übergeordnete Ziel des Anlagenbetreibers, nämlich den ungestörten Anlagenbetrieb, ausgerichtet sein. Wenn der Anlagenhersteller auch sein geistiges Eigentum wie Programme oder Daten vor unbefugtem Gebrauch schützen möchte, sind zusätzliche Maßnahmen notwendig [18].

3.2 Maßnahmen

3.2.1 ConImit – Contra Imitatio

Im Zuge vermehrter Know-How-Diebstähle und unerlaubter Nachbauten ganzer Maschinen ist mit Beginn des Jahres 2008 eine Initiative von der Bundesregierung ins Leben gerufen worden, die gezielt organisatorische, technische und betriebswirtschaftliche Methoden aus verschiedenen Einzelprojekten zusammenführt. Beschrieben wird dieser ganzheitliche Zusammenhang unter dem Projektnamen „ConImit" (Contra Imitatio) [12].

Das Ziel des Vorhabens ist eine Innovationsplattform zur Förderung von Prävention gegen Produktpiraterie in der Investitionsgüterindustrie. Die Innovationsplattform besteht aus einem Netz von Partnern, die über Methoden und Wissen im Bereich des präventiven Plagiatschutzes verfügen, aus Kommunikations- und Kooperationsmechanismen sowie einer Internet-basierten Informationsplattform mit folgenden Hauptfunktionen:

- Informieren über die vielfältigen Möglichkeiten der Prävention,

- Konzertierung der Verbundprojekte im Rahmen der Bekanntmachung „Innovationen gegen Produktpiraterie" und

- Aktive Förderung von Kommunikation und Kooperation,

so dass sich Netze im Kampf gegen Produktpiraterie bilden können [12].

Greifbare Ergebnisse für die Automatisierungstechnik sind nicht zu erwarten, da sich keines der Projekte konkret mit diesem Thema befasst.

3.2.2 WSAN4CIP

Das Forschungsprojekt *WSAN4CIP* der Europäischen Kommission hat zum Ziel,

- Bedrohungen gegen Infrastrukturen von außen abzuwehren,

- die Verfügbarkeit von Sicherheitsmaßnahmen zu erhöhen und

- eine Entwicklungsmethode und -umgebung anzubieten [80].

In verschiedenen Arbeitsgruppen werden insbesondere die Sicherheit der einzelnen Knoten bzw. Sensoren und Aktoren, der Netze und der Dienste betrachtet. Die Ergebnisse aus den Arbeitsgruppen sollen nach Beendigung des Projektes als Referenz praxisnah bei einem Energieerzeuger und bei einem Wasserversorger demonstriert werden.

Das Projekt geht jedoch nur von einer Optimierung der vorhandenen Strukturen und Protokolle sowie der Härtung der Knoten aus. Schadsoftware wird so aber nicht ausgeschlossen und der Netzverkehr kann weiter abgehört werden. Eine vertrauliche, sichere Kommunikation wird nicht erreicht.

3.2.3 Aktivitäten des Verfassungsschutzes

Auch der Verfassungsschutz weist in seiner Broschüre zur Wirtschaftsspionage auf die Gefahren gezielter Angriffe hin. Diese werden sogar von ausländischen Regierungen unterstützt und gefördert, um die dortigen einheimischen Wirtschaftsunternehmen zu stärken [74, 78].

Es spielt eine wesentliche Rolle, dass erforderliche Sicherheitsmaßnahmen zur Datensicherung häufig unter dem Aspekt der Wirtschaftlichkeit bewertet und nicht den örtlichen tatsächlichen Sicherheitsanforderungen angepasst werden. Spionage über das Internet kennt keine zeitlichen und sprachlichen Barrieren, sie ist effektiv und kostengünstig zugleich. Zudem birgt sie für den Angreifer aufgrund der geographischen Unabhängigkeit auch nur ein geringes Entdeckungsrisiko. Die zunehmenden elektronischen Attacken auf Computernetze stellen mittlerweile eine größere Gefahr dar als traditionelle Ausspähungsversuche. Es dürfte heute wohl kein Unternehmen mehr geben, das nicht an das Internet angebunden und in mehr oder weniger großem Maße von globaler Kommunikation abhängig ist. Der wirtschaftliche Erfolg eines Unternehmens hängt daher heute auch davon ab, wie gut es gelingt, sensible Datenbestände und die elektronische Kommunikation vor Datenverlust und Datenmissbrauch zu schützen [74, 78].

Die erhöhte Mobilität von Mitarbeitern vieler Unternehmen führt zur verstärkten Nutzung mobiler Netzanschlüsse, z. B. in öffentlichen Verkehrsmitteln wie Zügen oder Flugzeugen, aber auch bei Kunden und Lieferanten. Die Funkanbindung von stationären, besonders aber von mobilen Endgeräten eröffnet jedoch nicht nur den berechtigten Nutzern, sondern auch Angreifern, Wettbewerbern oder fremden Nachrichtendiensten völlig neue Zugangsmöglichkeiten zu IT-Netzen und angeschlossenen Systemen. Nach wie vor wird die hohe Verwundbarkeit drahtloser Kommunikationsverbindungen nicht erkannt bzw. nicht genügend ernst genommen. So sind selbst professionell betriebene Netze in Unternehmen lediglich mangelhaft oder überhaupt nicht abgesichert. Risikobehaftet sind praktisch alle auf drahtloser Verbindung basierenden Techniken bzw. IT-Komponenten [74, 78].

Als besonders anfällig haben sich erwiesen:

- Funknetze mit WLAN-Technik und Bluetooth-Schnittstellen durch Abhören,
- Funktastaturen und -mäuse durch Auffangen der Tasten- und Mausbewegungen sowie
- der Digital Enhanced Cordless Telecommunications (DECT)- und der Global System for Mobil Communications (GSM)-Standard bei mobiler Telefonie durch Abhören von Gesprächen und Abfangen von Textnachrichten.

Der Verfassungsschutzbericht stellt fest, dass sich die E-Mail-basierten elektronischen Angriffe auf Netze über das Internet zu einer besonderen Gefahr entwickelt haben. Im Unterschied zur Beschaffung von Informationen mit Hilfe menschlicher Quellen wird so in der Regel unbemerkt und risikolos angegriffen, z. B. aus dem Ausland [74].

3.3 Grundprinzipien sicherer Kommunikation

Sichere Kommunikation bedarf in jedem Anwendungsfall eines ganzheitlichen Ansatzes, bei dem

- Personen (Motivation, Wissen, Fehler),
- Prozesse (Richtlinien, Organisation),
- Produkte / Technologien (Hardware, Software, Netze)

dynamisch zusammenwirken. Ein Bereich alleine reicht nicht aus, um Schutzziele abschließend zu definieren.

Die folgenden Grundprinzipien verdeutlichen den Anspruch an die Sicherheit, den ein zu implementierendes System erfüllen muss. Es sind

- *Vertraulichkeit* / Zugriffsschutz Nur dazu berechtigte Netzteilnehmer sollen in der Lage sein, auf Nachrichten im Klartext zuzugreifen und diese auszutauschen. Solche Daten können von unberechtigten Teilnehmern nicht verstanden werden, eine nicht-autorisierte Informationsgewinnung ist also nicht möglich.

- (Daten-)*Integrität* / Änderungsschutz: Der Empfänger soll in der Lage sein, festzustellen, ob eine Nachricht verändert worden ist oder nicht. Daten können also ohne Kenntnis des Empfängers von einem Dritten nicht geändert werden.

- *Authentizität* / Fälschungsschutz: Der Empfänger einer Information soll klar und eindeutig erkennen können, von welchem Absender die Information stammt. Gesendete Daten stammen auch tatsächlich vom Absender, der Absender kann sich also gegenüber dem Empfänger zweifelsfrei ausweisen.

- *Verbindlichkeit* / Nichtabstreitbarkeit: Der Absender einer Information muss jederzeit die Urheberschaft einer Nachricht nachweisen können. Die Identität des Absenders ist Dritten gegenüber nachweisbar und nicht abstreitbar.

- *Anonymität*: Die Identität des Absenders bleibt Dritten gegenüber geschützt [7, 56, 68].

Das BSI hat im Rahmen der Studie „Kommunikations- und Informationstechnik 2010 – Trends in Technologie und Markt" neben den verwendeten Sicherheitsverfahren untersucht, welche Sicherheitseigenschaften von Systemen künftig insbesondere in eingebetteten Systemen, z. B. bei Handys oder PDAs sowie bei Informationssystemen von Bedeutung sein werden. Es zeigte sich, dass sowohl kurzfristig als auch langfristig den Merkmalen Datenintegrität und Vertraulichkeit die größte Bedeutung beigemessen wird [1]. Das bedeutet, dass eine geschützte, geheime und zuverlässige Datenübertragung gewünscht wird.

3.4 Zusammenfassung Grundlagen

In diesem Kapitel wurden die organisatorischen Maßnahmen zusammengefasst, die zur Sicherung von Wissen und Daten heute aktiv eingesetzt werden oder als Sicherungsempfehlungen bestehen. Die VDI-Richtlinie 2182 wurde als einzige speziell für die Automatisierungstechnik entwickelt. Jedoch werden praktische Fragen wie z. B. der Neustart eines im Arbeitsbetrieb befindlichen IPC an einer laufenden Produktionsanlage aufgrund eines Software-Updates gar nicht erst betrachtet. Auch sind alle vorgestellten Handlungsempfehlungen von denjenigen Personen abhängig, die für die Umsetzung und Überwachung verantwortlich sind. Bei der Implementierung solcher Empfehlungen können Fehler passieren oder Lücken entstehen, die Einfallstore für Angreifer öffnen.

Der Verfassungsschutz stellt fest, dass sich die elektronischen Angriffe auf Netze über das Internet zu einer besonderen Gefahr entwickelt haben und in der Regel unbemerkt und risikolos, z. B. aus dem Ausland, angegriffen wird. Des Weiteren kommt das BSI durch eine Studie zu dem Ergebnis, dass eine Datenübertragung geschützt, geheim und zuverlässig sein muss.

Die Konsequenz ist, dass eine effektive und effiziente Sicherungsmaßnahme ergriffen werden muss, die nicht überwunden werden kann. Es ist also ein höchster Anspruch an die Sicherheit der Kommunikation gestellt. Ein solches Kommunikationssystem muss sehr einfach gehalten sein und gleichzeitig möglichst wenig Einflussmöglichkeiten für Anwender zulassen, um Implementierungsfehler zu vermeiden. Dazu müssen die Grundprinzipien der Sicherheit bereits kompromisslos integriert sein.

Im folgenden Kapitel wird untersucht, welche Verschlüsselungsmethoden und -systeme aktuell existieren, die es ermöglichen, Daten sicher und entsprechend den Anforderungen der Automatisierungstechnik übertragen zu können.

Kapitel 4

Verschlüsselung von Informationen

Dieses Kapitel beschreibt, welche Möglichkeiten heute technisch gegeben sind, um Angriffe, insbesondere gegen in Automatisierungsarchitekturen eingesetzte Hardware und Software, zu verhindern oder zumindest zu erschweren. Dazu zählen neben der Härtung der Hardware auch der Schutz der Software und der Datenkommunikation.

4.1 Kryptologie

Kryptologie – vom griechischen kryptós „versteckt" und lógos „das Wort" – ist die Wissenschaft von sicherer bzw. geheimer Kommunikation [68]. In der Kryptologie werden Verfahren beschrieben, durch welche Klartext in chiffrierten Geheimtext und umgekehrt gewandelt wird. Die Unterbegriffe sind *Kryptographie* und *Kryptoanalyse* (vgl. Abbildung 4.1).

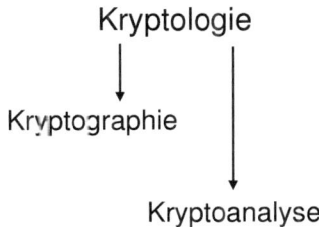

Abbildung 4.1: Teilgebiete der Kryptologie

Kryptographische Verfahren – vom griechischen kryptós „versteckt" und graphein „schreiben" – wurden bereits im Altertum verwendet, um Nachrichten zu verschlüsseln und sie so nur demjenigen zugänglich zu machen, für den sie bestimmt waren. Anderen Personen wird es mit einer Verschlüsselung erheblich erschwert oder unmöglich gemacht, geheime Nachrichten, die zwei Personen austauschen wollen, zu verstehen und in Klartext zu überführen [7, 68]. Das hat den Vorteil, dass verschlüsselte Daten offen übertragen werden können und trotzdem keine Gefahr besteht, dass ein Angreifer die Daten unberechtigterweise lesen kann. Der autorisierte Empfänger ist im Besitz einer geheimen Information, des so genannten Schlüssels, die es ihm erlaubt, die Daten zu entschlüsseln, während sie jedem anderen verborgen bleiben.

Die *Kryptoanalyse* – vom griechischen kryptós „versteckt" und analysein „auflösen" – versucht als Gegenpart der Kryptographie aus einer vorliegenden, verschlüsselten Nachricht Klartext-Informationen zu erhalten.

4.2 Sicherheit und perfekte Sicherheit

Sicherheit in der Kryptographie hat das Ziel, Informationen und Nachrichten von einem Absender zu einem Empfänger zu übermitteln, ohne dass ein weiterer Teilnehmer diese Informationen verstehen kann. Alle in der Praxis bekannten Methoden haben das Problem, dass ein vorliegendes Chiffrat in irgendeiner Weise einer Kryptoanalyse unterzogen und so auf den Klartext geschlossen werden kann. Die Verschlüsselung muss also in jedem Fall so aufgebaut sein, dass es so schwer wie möglich oder gar unmöglich ist, den Schlüssel herauszufinden. In den heute verwendeten Verschlüsselungsalgorithmen kommen mehr oder weniger komplizierte und komplexe mathematische Methoden zur Anwendung, die zwar einfach zu einem Chiffrat, aber ohne Kenntnis des Schlüssels nur unter großem Aufwand zurück zum Klartext führen [7, 68].

Perfekte Sicherheit entsteht dann, wenn aus einer Klartextinformation durch Verschlüsselung jeder mögliche Chiffretext mit der gleichen Wahrscheinlichkeit entsteht und es völlig unmöglich ist, vom Chiffrat auf den Klartext zu schließen. Wichtige Voraussetzung hierfür ist die Erzeugung echter, nicht-deterministischer Zufallszahlen bzw. -bits und ein Schlüssel von gleicher Länge wie die Nachricht [7, 68].

Im Folgenden werden wegen der digitalen Erzeugung und Verarbeitung von Daten in der Automatisierungs- und Informationstechnik die Begriffe Zufallsbit und Zufallsbitstrom verwendet.

Perfekte Sicherheit wird nach Claude E. Shannons Satz über informationstheoretische Sicherheit bestimmt [66]. Als *notwendiges Kriterium* für perfekte Sicherheit gilt nach [51, 66]:

Es sei E: $\Sigma_M^n \times \Sigma_K \to \Sigma_C^n$ eine perfekt sichere Chiffre. Dann gilt:

- Zu jedem M $\in \Sigma_C^n$ und jedem C $\in \Sigma_C^n$ existiert ein Schlüssel K $\in \Sigma_K$, so dass E(M,K) = C ist.

- Es muss mindestens ebenso viele Schlüssel wie Geheimtexte geben.
  Es gilt also: $\Sigma_K \geq \Sigma_C^n$

- Es muss mindestens ebenso viele Schlüssel wie Klartexte geben.
  Es gilt also auch: $\Sigma_K \geq \Sigma_M^n$

Als *hinreichendes Kriterium* für perfekte Sicherheit gilt weiter [51]:

Eine Chiffre E: $\Sigma_M^n \times \Sigma_K \to \Sigma_C^n$ ist perfekt sicher, wenn sie folgende Eigenschaften erfüllt:

- $\Sigma_K \geq \Sigma_C^n \geq \Sigma_M^n$
- Alle Schlüssel $K \in \Sigma_K$ werden mit der gleichen Wahrscheinlichkeit verwendet. Es gilt also: $p(K) = \frac{1}{\Sigma_K}$ für alle $k \in \Sigma_K$
- Zu jedem $M \in \Sigma_M^n$ und zu jedem $C \in \Sigma_C^n$ existiert genau ein Schlüssel $K \in \Sigma_K$, der M in C überführt.

Der Beweis für den Satz von Shannon findet sich in [51] und [66].

In [7] und [68] werden verschiedene Methoden der Verschlüsselung vorgestellt. Die meisten Verfahren arbeiten als Blockchiffre, bei denen Daten blockweise verschlüsselt werden. Andere Verfahren arbeiten als Stromchiffre, bei denen ein Datenstrom bitweise verschlüsselt wird. Stromchiffre arbeiten etwas schneller als Blockchiffre.

Die im Folgenden genauer beschriebenen Methoden gehören heute zu den bekanntesten und meist genutzten Verfahren. Anschließend werden die Verfahren auf Ihre Einsatztauglichkeit in der Automatisierungstechnik hin untersucht.

4.3 Asymmetrische Verschlüsselungsverfahren

Als *asymmetrisch* werden Verfahren bezeichnet, bei denen jeder Teilnehmer einen eigenen (geheimen, privaten) Schlüssel und zusätzlich einen öffentlichen Schlüssel, also ein Schlüsselpaar, besitzt. Für die Ver- und Entschlüsselung wird nicht derselbe Schlüssel verwendet, sondern der Absender verschlüsselt eine Nachricht mit dem öffentlichen Schlüssel des Empfängers und kann anschließend diese Nachricht selber nicht mehr entschlüsseln. Idealerweise ist dann nur der Empfänger in der Lage, mit dem geheimen, privaten Schlüssel diese Nachricht wieder zu entschlüsseln. Vergleichbar ist diese Methode mit einem Briefkasten. Ein Absender wirft dort einen Brief ein, auf dem die Adresse des Empfängers steht. Der Absender hat nun keinen Zugriff mehr auf den Brief. Nur noch der Besitzer des Briefkastens, also der Empfänger, besitzt einen Schlüssel zu diesem Briefkasten. Er kann den Brief herausnehmen und die Nachricht lesen [7, 68].

Eines der bekanntesten und weit verbreiteten Verfahren ist RSA, das bereits 1977 von Ronald L. Rivest, Adi Shamir und Leonard Adleman entwickelt wurde. Der Name RSA setzt sich aus den Anfangsbuchstaben der Nachnamen der Entwickler zusammen. Es gilt als das erste asymmetrische Verschlüsselungsverfahren, mit dem auch Signaturen durchgeführt werden können und ist eine Blockchiffre [7, 68].

Das Prinzip basiert, wie oben beschrieben, auf der Generierung eines öffentlichen und eines privaten Schlüssels.

Dazu werden im ersten Schritt zwei nur geringfügig unterschiedliche, jedoch sehr große Primzahlen p und q als Zufallszahl erzeugt und aus diesen das Produkt $n = pq$ gebildet. Das Problem des Auffindens zweier sehr großer Primzahlen ist komplex und kann mit großer Geschwindigkeit nicht absolut genau, jedoch mit einer hohen Wahrscheinlichkeit gelöst werden.

In einem zweiten Schritt wird eine Zahl e (encryption) ebenfalls zufällig erzeugt, und zwar mit den Eigenschaften der Eulerschen Φ-Funktion

- 2 < e < (p - 1)(q - 1) und
- ggT(e,(p - 1)(q - 1)) = 1.

Die letzte Eigenschaft besagt, dass e und (p - 1)(q - 1) keinen gemeinsamen Teiler haben, also zueinander prim bzw. teilerfremd sind.

Im dritten Schritt wird der Schlüssel d (decryption) aus den Bedingungen des Verfahrens RSA bestimmt, so dass die beiden Schlüssel d und e multiplikativ invers in der Arithmetik modulo $\Phi(n)$ sind: $ed \equiv 1$, mod $\Phi(n)$.
Der öffentliche Schlüssel ist nun (n,e), der private Schlüssel ist (d) [7].

Die Sicherheit des RSA-Verfahrens beruht auf der Qualität der verwendeten Zufallszahlen und auf der Schwierigkeit, aus dem öffentlichen Schlüssel (n,e) und einem vorliegenden Chiffrat auf die eingangs verwendeten Zufalls-Primzahlen zu schließen. Mit der Erkenntnis der beiden Primzahlen ist der Schlüssel gebrochen. Der Aufwand zur Faktorisierung von n ist in der Mathematik als *Faktorisierungsproblem* bekannt und ist für große Zahlen noch nicht ausreichend effizient, aber dennoch durchführbar. Der Aufwand steigt dabei in Abhängigkeit der Bit-Breite von n ungefähr exponentiell an. Die Bit-Breite von n entspricht der Summe der Bitbreiten von p und q und wird entsprechend für einen 1024-Bit-Schlüssel mit zwei 512 Bit großen Primzahlen gebildet [7, 68].

Bisher wurde im Algorithmenkatalog eine Schlüssellänge von 1024 Bit für RSA als ausreichend betrachtet, seit Anfang 2011 wird in [45] wegen der zu erwartenden Steigerung der Rechenleistungen eine Mindestschlüssellänge von 1976 Bit bzw. 2048 Bit gefordert, um das Verfahren weiter als sicher betrachten zu können.

Der Vorteil der asymmetrischen Verfahren ist das einfachere Schlüsselmanagement, denn es braucht kein geheimer, gemeinsamer Schlüssel übertragen zu werden. Die Schwäche von RSA ist, dass über längere Zeiträume ein und dieselben Schlüssel verwendet werden und RSA somit durch kryptoanalytische Methoden angreifbar ist. Beispielsweise wurde in [44] gezeigt, dass die asymmetrische Verschlüsselung nach dem RSA-Verfahren mit 768 Bit langen Schlüsseln zumindest theoretisch gebrochen wurde. Auch wird in [32] am Baustein Rico-1 von IBM gezeigt, dass asymmetrische Verschlüsselungsmethoden wie RSA gegenüber den im folgenden Abschnitt gezeigten symmetrischen Methoden wie DES etwa 500 mal langsamer sind. Die Verschlüsselung von 128 Bytes erfolgt asymmetrisch mit RSA in 23 Millisekunden, symmetrisch mit DES hingegen in 54 Mikrosekunden.

4.4 Symmetrische Verschlüsselungsverfahren

Symmetrische Verschlüsselungsverfahren benutzen den gleichen Schlüssel zum Verschlüsseln und Entschlüsseln. Symmetrische Schlüssel müssen vor ihrer Benutzung zwischen Absender und Empfänger auf sicherem Wege ausgetauscht werden [68].

Der Data Encryption Standard (DES) war fast drei Jahrzehnte lang einer der häufigsten symmetrischen Verschlüsselungsstandards für große Datenmengen. DES arbeitet sehr schnell und ist für die Verschlüsselung größerer Datenmengen geeignet. Auch heute noch ist er in vielen

Anwendungen enthalten. Der Schutz gegen Angriffe lag in der Menge der möglichen Schlüssel k_i [68].

Zur Verschlüsselung wird eine Klartextnachricht in Blöcke zu je 64 Bit aufgespalten. Anschließend wird jeder Block, unabhängig von anderen Blöcken, in einen Chiffreblock von ebenfalls 64 Bit verschlüsselt (Blockchiffre). Verschlüsselt und entschlüsselt wird blockweise mit dem gleichen Schlüssel k. Dieser Schlüssel besteht aus 56 frei wählbaren Stellen und wird durch 8 Paritätsstellen auf 64 Bit ergänzt. Die Zahl aller möglichen Schlüssel ist dann $K = 2^{56}$. Diese Schlüsselzahl konnte bereits 1998 in 56 Stunden und 1999 in 22 Stunden gebrochen werden. Der Aufwand zum Brechen der Schlüssel ist demnach geringer geworden und wird weiter sinken [68]. DES gilt somit als unsicher und wird nicht mehr für die praktische Anwendung empfohlen [7, S. 49], [68, S. 57]. Deshalb wurde versucht, den DES auf den Triple-DES zu erweitern. Dabei werden drei DES-Verschlüsselungen kaskadiert. Dieses Verfahren erhöht den Aufwand für Angriffe um den Faktor 10^{17} [7, 68]. Triple-DES ist damit zwar deutlich sicherer als DES, aber durch die dreifach angewandte Methode geht die Sicherheit zu Lasten der Verschlüsselungsgeschwindigkeit.

Wegen der erkannten Schwächen des DES und der langsameren Geschwindigkeit bei 3DES wurde im Jahr 2002 der Advanced Encryption Standard (AES) als neues Standardverfahren ausgewählt. Es handelt sich wie bei DES um eine Blockchiffre. Die Blocklänge beträgt 128 Bit und die Schlüssellänge aktuell 128 Bit mit einer für die Zukunft geplanten Ausbauoption von 192 Bit bis maximal 256 Bit. Die Schlüssellänge beträgt also zukünftig maximal $K = 2^{256}$. AES wird heute als Verschlüsselungsmethode in Funknetzen mit Wi-Fi Protected Access 2 (WPA2)-Standard verwendet (vgl. Kapitel 4.5). Auch bei Virtual Private Network (VPN)-Tunneln, die das Secure Shell (SSH)-Netzprotokoll nutzen, wird die Verschlüsselung meist durch AES vorgenommen [7].

In [5] und [31] sind Angriffe gegen AES und 3DES beschrieben, die zeigen, dass auch diese Verschlüsselungsverfahren verwundbar sind.

4.5 Verschlüsselung bei Funknetzen

Zur Sicherung von Funknetzen wird mit Verschlüsselungen und darin integrierten Authentisierungsalgorithmen gearbeitet, um die Vertraulichkeit der Kommunikation und die Authentifizierbarkeit von Netzknoten sicherzustellen. Diese Verschlüsselungen sind aus unterschiedlichen Gründen jedoch nicht für den Einsatz in der Automatisierungstechnik mit ihren hohen Echtzeitanforderungen geeignet.

Die Verschlüsselung nach dem Verfahren Wired Equivalent Privacy (WEP) verwendet den Algorithmus Ron's Code 4 (RC4) [68, S. 69]. Wegen bewiesener Sicherheitsmängel wird das Verfahren für die praktische Anwendung nicht mehr empfohlen [7, S. 166], [68, S. 196].

Eine weitere bekannte Verschlüsselungsmethode ist Wireless fidelity Protected Access (WPA). Sie verwendet Pseudozufallszahlen zur Schlüsselerzeugung sowie ebenfalls den Algorithmus RC4. Neben den allgemein bekannten Schwächen der Verwendung von Pseudozufallszahlen in der Kryptographie ist das hier verwendete Temporal Key Integrity Protocol (TKIP) sehr rechenintensiv und genügt so den Echtzeitanforderungen der Automatisierungstechnik nicht [68, S. 198]. Auch gilt WPA in Teilbereichen als kompromittiert [57]. Das Verschlüsselungsverfahren WPA-2 basiert auf der bekannten kryptographischen Methode AES. Letztere galt bisher als nicht zu entschlüsseln, solange keine trivialen Passwörter verwendet werden. Dann kann AES mittels einer Wörterbuchattacke gebrochen werden [68, S. 81ff.]. Allerdings wird wie bei WPA das rechenintensive TKIP verwendet und so werden die Echtzeitanforderungen nicht erfüllt. Erfolgreich gegen AES geführte Angriffe wurden in der Literatur beschrieben [5].

Als ein anderer Standard der drahtlosen Kommunikation findet Bluetooth weite Verbreitung. Hierbei werden unter anderem aus einer an den Funkknoten eingegebenen Persönlichen Identifikationsnummer (PIN) Kommunikationsschlüssel zur Verschlüsselung der übertragenen Daten erzeugt. Allerdings lassen sich aus schwachen PINs erzeugte Schlüssel leicht erraten [7, S. 187] und der Verbindungsaufbau dauert zu lange [7, S. 190]. Obwohl in der Spezifikation Geräteklassen mit abgestuften Sendeleistungen eingeführt wurden, sind die Reichweiten unkalkulierbar [7, S. 189] und erlauben auch in größerer Entfernung noch das Abhören der Nachrichten.

Das bekannte Extensible Authentication Protocol (EAP) kann in seinen verschiedenen Varianten zur Authentisierung eingesetzt werden [7, S. 173ff.], [68, S. 194f.]. Allerdings ist die dann folgende Authentifizierung vom zeitlichen Aufwand her, z. B. durch Nutzung von Authentisierungs-Servern oder Hintereinanderreihung mehrerer Authentisierungen, nur zur anfänglichen, ersten Authentifizierung geeignet und nicht zur wiederholten Authentifizierung aller Funkknoten im laufenden Betrieb.

Seit wenigen Jahren existiert ein auf den ersten Blick industrietaugliches WLAN, das so genannte *Industrial Wireless Local Area Network* (Industrial WLAN bzw. IWLAN). Es handelt sich dabei um eine Weiterentwicklung des bekannten WLAN für den industriellen Einsatz durch die Firma Siemens. Der wesentliche Unterschied im Vergleich zu dem im Privat- und Bürobereich stark verbreiteten WLAN liegt in der zeitgenauen Übertragung von Steuer- und Datensätzen, es besteht also eine gewisse Echtzeitfähigkeit. Außerdem sind die Komponenten und Geräte für einen größeren Temperaturbereich von -40 °C bis +70 °C ausgelegt. Die Verschlüsselungsmethoden sind WEP, WPA oder WPA2 [59]. Sind die verwendeten Geräte und Komponenten auch als „industrietauglich" einzustufen, bedeutet diese Lösung wegen der bereits beschriebenen Schwächen der verwendeten Verschlüsselungsverfahren in Bezug auf die Abhörsicherheit keine Verbesserung für die Automatisierungstechnik.

4.6 Einmalschlüsselverfahren

Wird die digitale Schlüsselfolge zufällig und gleich verteilt gewählt, ist sie genauso lang wie die digitale Nachricht und wird nur einmal verwendet, wird vom so genannten Einmalschlüssel-Verfahren gesprochen, im Englischen One Time Pad (OTP) genannt. Das bedeutet, dass für jedes Bit ein zufällig ermitteltes Schlüsselbit bereitgestellt wird, aus deren XOR-Verknüpfung das Chiffrat entsteht. Auf diese Weise liegt *Perfekte Sicherheit* vor, denn ein Chiffratwert „1" (für die „0" gilt es analog) kann aus einer „0" in der Nachricht und einer „1" in der Schlüsselfolge bzw. aus einer „1" in der Nachricht und einer „0" in der Schlüsselfolge entstanden sein. Da alle Werte der Schlüsselfolge jeweils mit der gleichen Wahrscheinlichkeit erzeugt werden können, beruhen für einen Angreifer auch die Annahmen bezüglich des Klartextes auf der gleichen Wahrscheinlichkeit. Er hat demzufolge keine Information (vgl. Abbildung 4.2).

In mathematischer Formulierung bedeutet die Chiffrierung eine Addition modulo 2, was logisch der Antivalenz (exklusives ODER bzw. XOR) entspricht [68]. Die Regeln der Antivalenz lauten mit der Binärverknüpfung:

$$1 \oplus 1 = 0 \quad 0 \oplus 0 = 0 \quad und \quad 1 \oplus 0 = 0 \oplus 1 = 1$$

Das Verfahren der Einmalverschlüsselung ist das Einzige, das durch Shannons Theorie als perfekt sicher bewiesen werden kann [51, 66] und [68, S. 11, S. 40ff.].

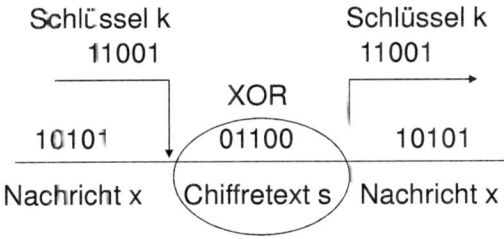

Abbildung 4.2: Ver- und Entschlüsselung einer Nachricht mit XOR [68]

Wichtige Grundvoraussetzung für alle heute verwendeten Verschlüsselungsmethoden sind Zufallszahlen und Zufallsbitströme als Ausgangswerte [7, 68].
Im Folgenden wird betrachtet, auf welche Weise und von welcher Qualität Zufallsbitströme für die Schlüsselverwendung erzeugt werden können.

4.7 Zufallsbits

Die elektronische Erzeugung von Zufallszahlen und -bits ist bereits seit einigen Jahren ein Problem, welches noch nicht zufriedenstellend gelöst ist.
Der Begriff *Zufall* bedeutet im deutschen Sprachgebrauch „nicht vorhersehbar" bzw. „nicht beabsichtigt" und besitzt als Gegenbegriff den *Determinismus* [79].
In der Kryptographie besteht für die Erreichung einer hohen Sicherheitsstufe oder gar einer *Perfekten Sicherheit* ein hoher Anspruch an geheime, nicht vorhersagbare Zufallsbitströme. Sie sind Grundlage bei der Schlüsselberechnung. Kann beispielsweise bei den bekannten Verschlüsselungsverfahren auf den der Schlüsselfolge zu Grunde liegenden Zufallsbitstrom geschlossen werden, ist das Verfahren kompromittiert. Der Angreifer muss dazu nicht unbedingt die Zufallsbits selbst kennen. Eine Einschränkung auf einen Zahlen- oder Bitstrombereich ist meist schon ausreichend, denn der Angreifer kann in diesem Fall wenige verschiedene Kombinationen auf Plausibilität prüfen [7].
Grundsätzlich gibt es zwei Gruppen von Zufallsbits bzw. Zufallsbitströmen:

- *Pseudo-Zufallsbitströme*, die deterministisch und reproduzierbar aufgrund bestimmter Ereignisse oder Startwerte bestimmt werden und

- *Echte Zufallsbitströme*, die statistisch-zufällig und nicht-reproduzierbar, z. B. durch geeignete physikalische Prozesse wie Würfeln, Münzwurf, thermisches Rauschen oder den radioaktiven Zerfallsvorgang bestimmt sind
[7, S. 29].

Für viele Anwendungen reichen pseudozufällige Bitströme aus, für kryptographische Anwendungen sind diese alleine jedoch ungeeignet. Insbesondere sollen in der Kryptographie verwendete Zufallsbitströme folgende Eigenschaften besitzen
[7, S. 30]:

- *Unvorhersagbarkeit* – Die Folge darf nicht vorhersagbar sein.
- *Gleichverteilung* – An jeder Stelle in einer Bitfolge soll das Vorkommen jedes Zufallsbits gleich wahrscheinlich sein.
- *Skalierbarkeit* – Auch Teilsequenzen solcher Folgen sollen zufällig sein.
- *Konsistenz* – Die Zufälligkeit soll nicht abhängig von einem Startwert sein.

Bei wiederholter Erzeugung von Zufallsbitströmen unter gleichen Randbedingungen dürfen nicht die gleichen Zufallsbitströme produziert werden [7, S. 29 ff.].

4.7.1 Pseudozufallsbits

Pseudo-Zufallsbitgeneratoren kommen ohne physikalischen Prozess aus und erzeugen Bitfolgen, die echten zufälligen Folgen zwar ähneln, jedoch deterministisch erzeugt und daher reproduzierbar sind. Dabei besteht die einzige Chance der Erzeugung von Zufall darin, einen Anfangswert als Parameter zu wählen, der von einem Angreifer nicht einfach erraten werden kann, und von diesem Anfangswert dann eine Zahlenfolge abzuleiten, deren Eigenschaften denen echter Zufallsbits möglichst nahe kommen. Dabei gilt: Je „zufälliger" der Anfangswert, umso höher die Sicherheit.

Der Anfangswert wird durch eine Transformationsfunktion in den nächsten Zufallswert geändert. Der transformierte Wert stellt dann für die nächste Runde den Eingabewert dar (vgl. Abbildung 4.3).

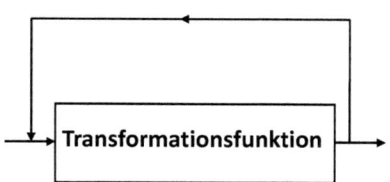

Abbildung 4.3: Funktionsprinzip eines Pseudo-Zufallsbitgenerators [7]

Die Transformationsfunktion muss möglichst lange Zufallsbitfolgen mit allen möglichen Werten erzeugen. Da prinzipiell nur eine endliche Menge an Werten erhalten werden kann, wiederholt sich die Zufallsbitfolge dann, wenn „zufällig" der ursprüngliche Startwert als erzeugter Zufallswert erneut in die Transformationsfunktion eingegeben wird.

Manche Anwenderprogramme fordern zur Verbesserung der Zufälligkeit dazu auf, zur „Erzeugung sicherer Zufallsbits" die Maus zu bewegen oder beliebige Eingaben auf der Tastatur zu machen. Dabei wird aber nicht die Eingabefolge selbst, sondern der – zufällige – zeitliche Abstand zwischen dem Niederdrücken der Tasten oder den Mausbewegungen verwertet. Jedoch schwächt eine anschließende Abfrage, ob die erzeugten Zufallsbits für weitere Verwendung abgespeichert werden sollen, die so erzeugte Zufallsbitkette. Auch müssten diese Zufallsbitketten aufwändig in so genannten Hybridgeneratoren statistisch nachbearbeitet werden, um Gleichverteilung zu erhalten [7, S. 30/31], [68, S. 124].

Speziell für den Einsatz in der Kryptographie entwickelte Pseudozufallsgeneratoren (z. B. der Blum-Blum-Shub-Generator für symmetrische Verfahren oder der Blum-Goldwasser-Generator für asymmetrische Verfahren) ermöglichen die Erzeugung von Zufallsbitketten durch Startwerte, die auf der Nicht-Existenz effizienter Algorithmen für bekannte zahlentheoretische Probleme, z. B. der Faktorisierung großer (Prim-)Zahlen, fußen [7]. Somit sind diese Startwerte für einen Angreifer nicht einfach bestimmbar. Jedoch besteht hier, genau wie bei vielen Verschlüsselungsmethoden, das Problem, dass die Zufallsbits nur solange sicher sind, wie das jeweils zugrunde liegende mathematische Problem nicht gelöst ist. Des Weiteren wiederholt sich die Zufallsbitfolge wie oben beschrieben, wenn der ursprüngliche Startwert erneut erzeugt wird.

Pseudozufallsgeneratoren allein sind also für die Verwendung in kryptographischen Anwendungen nicht geeignet.

4.7.2 Echte Zufallsbits

Ein Zufallsbitgenerator, der auf einem physikalischen Prozess beruht, wird als *echter Zufallsbitgenerator* bezeichnet. Er fußt darauf, dass der Ausgang eines Zufallsexperiments (z. B. das Werfen einer Münze) oder das Verhalten eines physikalischen oder chaotischen Prozesses nicht prognostizierbar ist. Selbst unter Beibehaltung von Parametern und Randbedingungen laufen Reihen gleicher Experimente oder Prozesse immer unvorhersagbar, unabhängig und nicht reproduzierbar ab [21, 72].

Bekannte Lösungen zur Generierung physikalischen Zufalls arbeiten oft auf der Grundlage thermischer Rauschquellen wie Widerstände, Zener-Dioden oder Transistoren [70, S. 78].

Es entsteht hierbei ein stochastisches Signal, bei dem sich der Augenblickswert der Zeitfunktion zu einem vorgegebenen Zeitpunkt nicht berechnen lässt [48]. Es setzt sich aus den vielen unregelmäßig stattfindenden Impulsen zusammen, die den Wegen der Leitungselektronen von einem Atom bis zum Nächsten entsprechen und von der Wärmebewegung und der räumlichen Dichte der Elektronen abhängen. Der Wert der abgegriffenen Spannungen liegt im μVolt-Bereich (vgl. Abbildung 4.4). Jedoch treten unter anderem den Rauschquellen überlagerte deterministische Takte wie Systemtakte, Schalttakte logischer Schaltkreise oder die Netzfrequenz auf. Diese Störsignale werden durch Verstärker automatisch mit verstärkt [70, S. 79]. Derart genutzte Zufallsquellen können dadurch eine zu geringe Entropie und eine unzureichende Gleichverteilung der Bits aufweisen. Der Signalabgriff wird dabei häufig durch das Ausgangssignal einfacher deterministischer Funktionsgeneratoren, wie beispielsweise Sinusschwingkreisen, Rechteck- oder Dreieckgeneratoren getaktet [71, S. 982 ff.].

Die in [21] beschriebene Lösung arbeitet mit einem hohen Schaltungsaufwand und Bauelementeeinsatz. So verlangsamt sich allerdings durch bauelementebedingte Latenz- und Rechenzeiten die Erzeugung von Zufallsbitströmen, was dazu führen kann, dass ein und derselbe Zufallsbitstrom über einen längeren Zeitraum verwendet werden muss. In kryptographischen Anwendungen kann unter Umständen deswegen kein sicherer Schlüssel generiert werden.

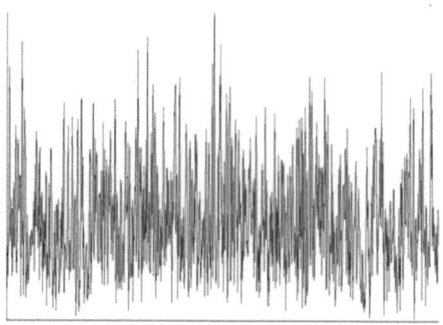

Abbildung 4.4: Rauschen [75]

4.7.3 Quantenphysikalische Verteilung von Zufallsbits

Die Quantenphysik beginnt in der Verteilung von Bits, den so genannten QuBits, eine wichtige Rolle zu spielen. Die bekannten quantenkryptographischen Protokolle BB84 und E91 erlauben die sichere quantenphysikalische Übertragung von Bits [65]. Der Vorteil der Quantenkryptographie gegenüber klassischen Verfahren zur Schlüsselverteilung besteht darin, dass die damit erreichte Sicherheit auf absoluten, physikalischen Gesetzmäßigkeiten beruht und nicht auf Annahmen über die Leistungsfähigkeit von Computern und Algorithmen oder über die Verlässlichkeit von Vertrauenspersonen. Die Sicherheit der verschiedenen Verfahren der Quantenkryptographie entsteht dadurch, dass ein Angreifer, der die Schlüsselübertragung abhört, bemerkt wird. Stellt man fest, dass die Übertragung belauscht wurde, verwirft man (in der Praxis bei Überschreiten eines Toleranzwertes) den übertragenen Schlüssel und beginnt die Schlüsselerzeugung und -übertragung neu [76].

Es existieren zwei Klassen von Verfahren zur Quantenkryptographie. Die einen, wie das BB84-Protokoll, nutzen einzelne Photonen zur Übertragung. Ein Angreifer kann diese auf Grund des No-Cloning-Theorems nicht kopieren und deshalb an Änderungen im Messergebnis erkannt werden. Andere Verfahren, wie das Ekert-Protokoll E91, verwenden verschränkte Zustände. Hört hier ein Angreifer die Schlüsselübermittlung ab, so verliert das System einen Teil seiner Quantenverschränkung. Dieser Verlust kann anschließend festgestellt und damit der Angriff aufgedeckt werden [76].

In [41] ist ein Angriff auf das Protokoll BB84 beschrieben. Dieser Angriff baut darauf auf, dass die durch den Angriff als fehlerhaft erkannten Quantenbits (QuBits) in die allgemeine Fehlerquote der Übertragung eingehen und der Angriff selbst nicht erkannt wird. Bei einer geforderten Null-Fehler-Rate schlägt der Angriff jedoch fehl. Allerdings ist die Anzahl der sicher übertragbaren Bits bei weitem nicht ausreichend, um diese allein nach den Anforderungen der Automatisierungstechnik zur Schlüsselerzeugung zu verwenden. Heute untersuchte Systeme erreichen eine Datenrate von bis zu 100 kBd [64, S.79], womit nur etwa 8 Ethernet-Pakete pro Sekunde verschlüsselt werden können. Wie in [63] gezeigt, kann eine SPS, nach Datenblatt, 760 vollständige Ethernet-Pakete pro Sekunde verarbeiten, die verschlüsselt werden müssen.

4.8 Vergleich der untersuchten Verfahren

Die beispielhaft dargestellten Verschlüsselungsverfahren sind die heute bekanntesten und meist genutzten Verfahren. Diese sind jedoch nur solange sicher, solange nicht in akzeptabler Zeit alle möglichen Schlüssel durchprobiert bzw. bestimmte mathematische Probleme gelöst sind. Die steigende Leistungsfähigkeit der Computertechnik erhöht die Möglichkeiten, erfolgreiche komplexe Kompromittierungsversuche in immer kürzerer Zeit durchzuführen und den richtigen Schlüssel durch einen Angriff mittels Exhaustitionsmethode, bei der alle möglichen Schlüssel in möglichst kurzer Zeit ausprobiert werden, oder durch andere Attacken herauszufinden. Es werden also zukünftig, dem jeweiligen Stand der Kryptoanalyse entsprechend, immer größere Schlüssel benötigt werden, um die Verschlüsselung sicher zu gestalten. Dazu gibt es zumindest theoretische Möglichkeiten, die vorgestellten Verfahren zu brechen. Als perfekt sicher bewiesen ist eine Verschlüsselung lediglich unter Verwendung von Einmalschlüsseln. Voraussetzung dafür sind Zahlenfolgen echter Zufallszahlen bzw. Bitfolgen echter Zufallsbits.

Ein perfekt sicheres und schnelles Verschlüsselungssystem, das auch den hohen Echtzeitanforderungen eines Automatisierungsnetzes genügen soll, muss also

- echte Zufallszahlen oder -bits sicher erzeugen und verteilen können,
- permanent und ohne jede Zeitverzögerung Einmalschlüssel als Schlüsselbitströme für die Verschlüsselung der zu versendenden Nachrichten bereitstellen sowie
- die Verschlüsselung der Bitströme selbst ohne jede Zeitverzögerung ausführen.

In Tabelle 4.1 sind die Eigenschaften der Verschlüsselungsmethoden zusammengefasst.

Tabelle 4.1: Vergleich der Verschlüsselungsmethoden

	DES	3DES	AES	RSA	OTP	E91
symmetrische Verschlüsselung	+	+	+	o	+	-
asymmetrische Verschlüsselung	o	o	o	+	o	-
Stromchiffre	o	o	o	o	+	+
Blockchiffre	+	+	+	+	o	-
hohe Geschwindigkeit	+	o	+	o	+	o
keine erfolgreichen Angriffe bekannt	o	o	o	o	+	+
perfekt sicher (bewiesen)	o	o	o	o	+	+
geeignet für harte Echtzeit	-	-	-	-	+	-

Nach dieser Zusammenfassung sollten Bitströme mittels Einmalverschlüsselung (OTP) verschlüsselt werden und die Verteilung der erzeugten echten Zufallszahlen mittels quantenphysikalischem Protokoll BB84 bzw. besser E91 erfolgen. Gegen beide Verfahren ist unter der Voraussetzung der Null-Fehler-Toleranz bisher kein erfolgreicher Angriff bekannt. Lediglich die Anzahl der nach den Ansprüchen der Automatisierungstechnik zu verteilenden Zufallsbits ist bei weitem zu gering. Gelöst werden muss also zum einen die Erzeugung echter Zufallsbits in ausreichender Anzahl und zum anderen die permanente Erzeugung und Bereitstellung von Einmalschlüsseln.

Kapitel 5

Erzeugung echter Zufallsbits

Für die Bereitstellung echter Zufallsbits wird im Folgenden ein chaosbasierter Zufallsgenerator vorgestellt. Die Grundidee der in Abbildung 5.1 gezeigten Schaltung besteht darin, durch Vermischung der Ausgangssignale mehrerer unterschiedlicher Funktionsgeneratoren ein ungleichförmiges, nicht-deterministisches Abtastsignal zu erhalten. Die verwendeten Generatoren sind

- ein nicht-linearer Funktionsgenerator mit chaotisch-ungleichförmigem Schwingverhalten,
- ein Treppenfunktionsgenerator mit diskretem Ausgangssignal und
- ein Schwingkreis mit kontinuierlichem, sinusförmigem Ausgangssignal.

Die Schaltungen wurden mit dem Programm „Multisim" von National Instruments aufgebaut und daraus die Ausgangssignale gewonnen.

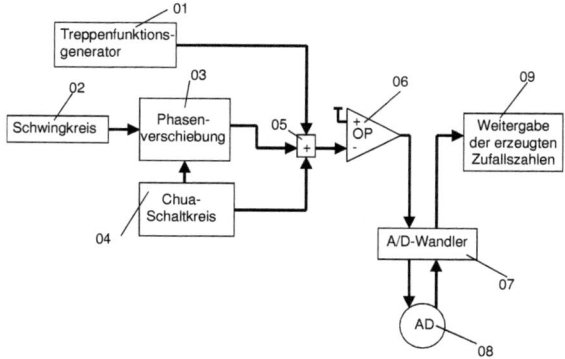

Abbildung 5.1: Prinzipschaltbild des Zufallsbitgenerators

5.1 Der Schaltkreis von Chua

Kern des Zufallsbitgenerators (vgl. Abbildung 5.1) ist als nicht-linearer Funktionsgenerator der Chua-Schaltkreis (04) (vgl. Abbildung 5.2) [49, 53, 54], der ein chaotisches, ungleichförmiges Schwingverhalten aufweist und zwei nicht-lineare Ausgangssignale A_C liefert (vgl. Abbildung 5.3) [39, 49, 53, 54].

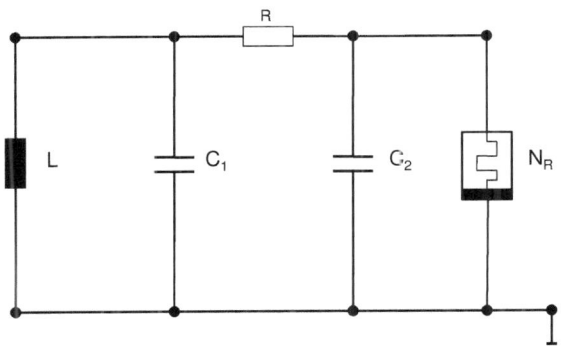

Abbildung 5.2: Der Schwingkreis von Chua mit Memristor

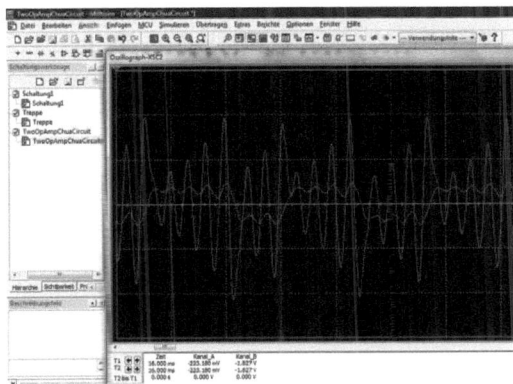

Abbildung 5.3: Ausgangssignale des Chua-Schwingkreises

Der von Chua beschriebene Schaltkreis ist ein mit einem Widerstand, einem Kondensator und einer Spule aufgebauter RCL-Schwingkreis, der mit einem sog. Memristor ergänzt wird. Der Memristor wurde erstmals 1971 von Prof. Leon Chua an der Berkeley-Universität in Kalifornien beschrieben und postuliert. Dieses Bauteil konnte im Jahre 2008 zwar physikalisch hergestellt werden, wegen des hohen Fertigungsaufwandes wird der Memristor in der Praxis jedoch über Ersatzschaltungen mit Hilfe eines oder mehrerer Operationsverstärker aufgebaut.

Diese *Chua-Diode* genannte Ersatzschaltung erfüllt die von Chua geforderten Eigenschaften wie ein Memristor als aktives, nicht-lineares Bauelement und wurde 1983 erstmals beschrieben (vgl. Abbildung 5.4). Sie wird in der vorliegenden Arbeit verwendet.

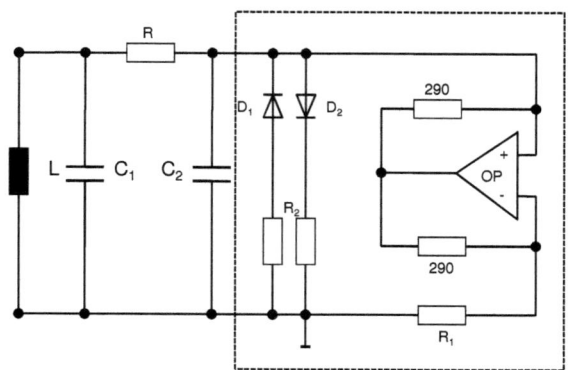

Abbildung 5.4: Der Schwingkreis von Chua mit Ersatzschaltung für den Memristor (gestrichelt gerahmt)

Der Memristor verändert als nicht-linearer Widerstand seinen Widerstandswert in Abhängigkeit des durch ihn fließenden Stromes und behält diesen Widerstandswert, solange der Strom sich nicht ändert: $R \sim \Delta I$. Er ergänzt die Gruppe der bekannten passiven, linearen elektronischen Bauelemente: ohmscher Widerstand R, Kondensator C und Spule L.

Durch die Ergänzung des RCL-Schwingkreises mit dem Memristor können zwei chaotische Signale am Schaltkreis abgegriffen werden, die bei geeigneter Einstellung eines Oszilloskops durch Überlagerung einen so genannten *seltsamen Attraktor* ergeben (vgl. Abbildungen 5.3 und 5.5).

Chaotisch nicht-linear bzw auch deterministisch chaotisch genanntes Verhalten bedeutet, dass kleinste Veränderungen des Ausgangszustandes einen deutlich anderen Verlauf des Attraktors zur Folge haben. Dazu genügen bereits geringste Veränderungen der elektronischen Bauteile des Schaltkreises, z. B. aufgrund geänderter Umgebungstemperatur. Die Chua-Schaltung ist ein chaotisches, dynamisches System, das die Eigenschaft starker Kausalität nicht erfüllt. Ähnliche Ursachen führen also nicht zu ähnlichen Wirkungen, sind langfristig nicht vorhersagbar und damit zufällig.

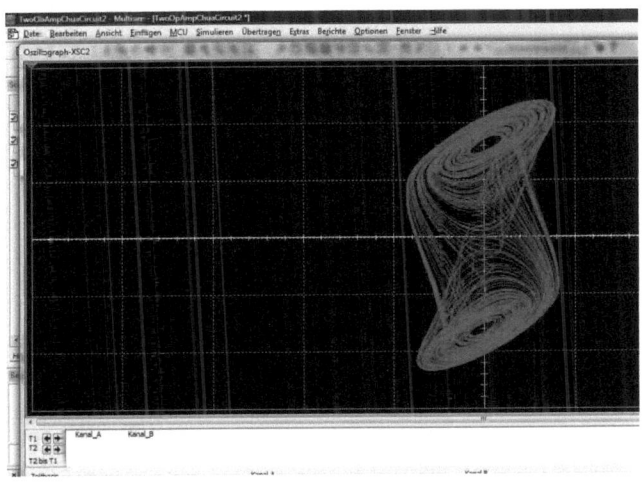

Abbildung 5.5: Seltsamer Attraktor

5.2 Treppenfunktionsgenerator

Der zweite Funktionsgenerator (01) erzeugt eine Treppenfunktion A_T, d.h. das Ausgangssignal ist ein diskretes Rechtecksignal, das in Stufen ansteigt und immer wieder steil abfällt (vgl. Abbildung 5.6). Treppenfunktionen werden in der Mathematik für die Approximation von Integralen verwendet. Durch dieses Signal wird eine kontinuierliche, stufige und ungleichmäßige Amplitudenverschiebung und damit eine Konfusion des späteren Gesamtsignals erreicht.

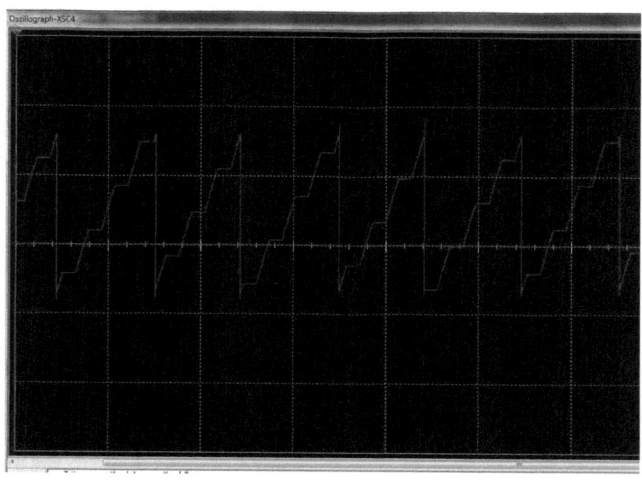

Abbildung 5.6: Ausgangssignal des Treppenfunktionsgenerators

5.3 Parallelschwingkreis mit Allpass

Der dritte Funktionsgenerator ist ein gewöhnlicher RCL-Schwingkreis (02), der ein kontinuierliches, sinusförmiges Ausgangssignal A_S liefert. Die bestimmenden Elemente sind dabei ein Widerstand R, ein Kondensator C und eine Spule L, die parallel oder in Reihe geschaltet sind (vgl. Abbildungen 5.1 und 5.7).

Dem RCL-Schwingkreis (02) nachgeschaltet ist ein Allpass erster Ordnung (03) (vgl. Abbildung 5.8). Dieser Allpass bewirkt eine Phasenverschiebung der durch den RCL-Schwingkreis erzeugten Sinusschwingung zwischen 0° und -180°. Die Verschiebung der Phase hängt dabei vom Widerstand R in Abbildung 5.8 ab, der als elektronisches Potentiometer ausgeführt ist und dessen Wert vom nicht-linearen Chua-Schaltkreis (04) direkt und kontinuierlich verändert wird, so dass sich die Phasenverschiebung dynamisch-instabil, also chaotisch-ungleichförmig, zum Ausgangssignal A_A ändert (vgl. Abbildung 5.9).

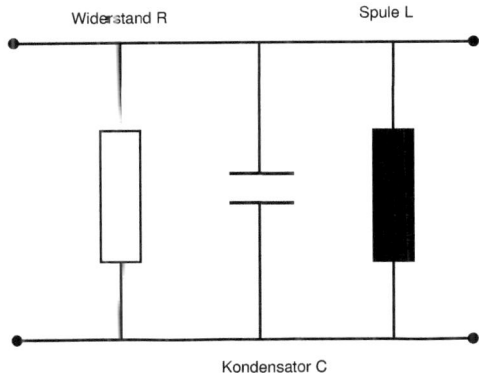

Abbildung 5.7: Parallelschwingkreis

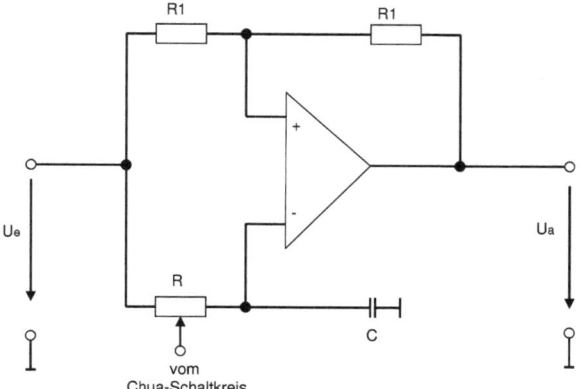

Abbildung 5.8: Allpass 1. Ordnung zur Phasenverschiebung

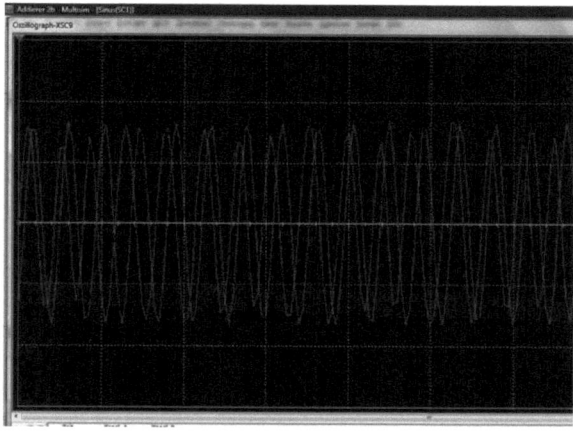

Abbildung 5.9: Phasenverschiebung des Sinussignals durch den Allpass

5.4 Summensignal

Das kontinuierliche, chaotisch beeinflusste Ausgangssignal des Allpasses A_A (03) (vgl. Abbildung 5.9) wird mit dem diskreten Ausgangssignal des Treppenfunktionsgenerators A_T (01 und Abbildung 5.6) und zur Erhöhung der Komplexität auch mit dem Ausgangssignal A_C des Chua-Schaltkreises (vgl. Abbildung 5.3) in einem Operationsverstärker (05 und 06) additiv zu A_{A+T+C} verknüpft (vgl. Abbildung 5.10).

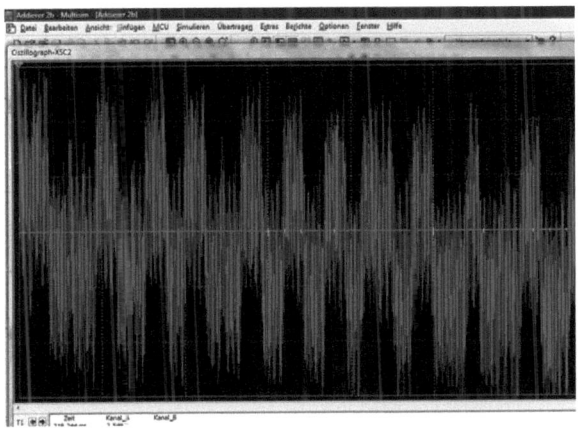

Abbildung 5.10: Irreguläres Abtastsignal

Dieses ungleichmäßige, deterministisch chaotische Ausgangssignal wird z. B. über eine Schmitt-Trigger-Schaltung geformt und als Triggersignal auf einen Delta-Sigma-Wandler, einen Parallelwandler oder einen anderen Analog-/Digitalwandler (07) gelegt. Dieser tastet von einer Rauschquelle (08), wie z. B. dem verstärkten Signal einer im Durchbruchbetrieb befindlichen Avalanche-Diode (AD) natürliches statistisches Rauschen ab und speichert die Zufallsbits in einem Schieberegister (09) zwischen. So kann ein zufälliger Bitstrom erzeugt werden, aus dem binäre Zufallszahlen zusammengesetzt werden können. Da das Signal für die Abtastung ungleichförmig und nicht mehr vorhersagbar ist, hängt die Qualität der generierten Zufallsbits auch nicht mehr von der Qualität der Rauschquelle selbst ab

5.5 Pseudocode

program Entnahme und Verteilung der echten Zufallsbits
/* Datendeklaration */
    var n: integer /* eine Zählvariable */
    var R: integer /* die jeweils ersten 8 Bit des FIFO-Zufallsbitgenerators */
    var E: string /* Zieladresse */
begin;
read R {aus dem FIFO-Schieberegister des Zufallsbitgenerators};
/* Schleife „Versand" */
n := 0;
while n < 8 do
    n := n+1;
    {sende Bit n an E};
end – while;
end program

program Erzeugung der Pseudozufallsbitketten für die Einmalschlüssel
/* Datendeklaration */
    var V_E: string /* Eingangsschieberegister des Algorithmenspeichers mit Zufallsbits */
    var V_A: string /* Ausgangsschieberegister des Algorithmenspeichers */
    var j: integer /* Variable der zweidimensionalen Matrix */
    var n: integer /* Variable der zweidimensionalen Matrix */
    var x: real /* variabler Eingangswert des Algorithmus */
    var f: real /* Funktionswert */
    var K: real /* erzeugter Schlüssel */
    var a: integer /* ein Wert aus dem Intervall [0,1] */
    var z: integer /* bestimmt die Anzahl der Iterationen */
    var y: integer /* eine Zählvariable */
begin;
read V_E;
j := {ein zufällig bestimmter Wert im Intervall [0,L]};
n := {ein zufällig bestimmter Wert im Intervall [0,L]};
z := {ein zufällig bestimmter Wert von 512 Bit Länge};
a := {ein zufällig bestimmter Wert im Intervall [0,1]};
y := 0;
V_A := 0;
x := V_E;
/* Schleife „Schlüsselerzeugung" */
repeat
    while $x_1^0 \neq x_n^j$ or {no „Wechsel_Startwert"} or y=z do
        compute $x_{n+1}^j = (1 - 0,95)f(x_n^j, a_j) + 0,95 f(x_n^{j-1}, a_{j-1})$; [47]
        compute $f(x_n^j, a_j) = (3,9 + 0,1 a_j) x_n^j (1 - x_n^j)$; [47]
        compute $K_n^j = int[x_n^j \times 2^{52}] \mod 2^{32}$; [47]
        write K_n^j {in Schieberegister V_A};
        if {Schieberegister V_A voll} then {„Schlüssel fertig"};
        end – if;

```
        else repeat while;
        j := j+1;
        n := n+1;
        y := y+1;
    end – while;
until {„stop_Erzeugung"};
end program
```

5.6 Zusammenfassung

In diesem Kapitel wurde ein neuentwickelter, chaosbasierter Zufallsgenerator vorgestellt, der echte Zufallsbits erzeugt. Das Ausgangssignal eines chaotischen Chua-Schaltkreises wird mit dem diskreten Signal eines Treppenfunktionsgenerators und dem kontinuierlichen Signal eines RCL-Schwingkreises vermischt. Das resultierende Signal ist ein deterministisch-chaotisches Signal, das nicht mehr vorhersagbar ist und als zufälliges Abtastsignal einer Rauschquelle verwendet werden kann. Die über einen Analog-/Digitalwandler erzeugten Bits sind echt zufällig. Sie werden in einem Schieberegister zwischengespeichert und als Bitstrom zur Verfügung gestellt.

Im folgenden Kapitel wird ein Verfahren zur sicheren Kommunikation gezeigt, das unter Verwendung von echten Zufallsbits Einmalschlüssel erstellt und eine perfekt sichere Kommunikation ermöglicht.

Kapitel 6

Sichere Kommunikation

In diesem Kapitel wird ein neues Verfahren vorgestellt, mit dem in Netzen sicher kommuniziert werden kann. In diesem Verfahren werden aus echten Zufallsbits Einmalschlüssel erstellt, mit denen die Nutzdaten perfekt sicher verschlüsselt werden. Im ersten Teil wird das Verfahrensprinzip erläutert. Daran anschließend wird im zweiten Teil eine Hardwareumsetzung vorgeschlagen.

6.1 Prinzip des Verfahrens

Nutzdaten und Informationen, die in beliebigen Prozessen erzeugt werden, müssen für eine sichere Handhabung und Übertragung den Prinzipien der Sicherheit in Kapitel 3.3 genügen. Zunächst werden zur Erreichung der Vertraulichkeit Einmalschlüssel erzeugt, mit denen dann die zu übertragenden Nutzdaten vor dem Versand an den Empfänger verschlüsselt werden.

Weil das Verfahren der Einmalschlüssel ein symmetrisches Verfahren ist, benötigt der Empfänger zur korrekten Entschlüsselung der Daten den gleichen Schlüssel wie der Absender bei der Verschlüsselung. Es wäre naheliegend, diesen Schlüssel dem Datenpaket einfach beizufügen. Um aber die Kryptoanalyse eines einzelnen abgefangenen Datenpaketes unmöglich zu machen, wird der Schlüssel selbst mit einigen weiteren Informationen in einem zweiten Paket gesondert übertragen. Diese Übertragung erfolgt nicht offen, sondern gesichert durch eine Verschleierung nach dem in [27] beschriebenen Verfahren. Dieses Verfahren kann zusätzlich auf die bereits verschlüsselten Nutzdaten angewendet werden.

Ein Zeitstempel und ein Keyed Hash Message Authentication (HMAC)-Wert werden beiden Paketen hinzugefügt. Neben der zeitlichen Synchronisierung bietet der Zeitstempel einen effizienten Schutz gegen Wiedereinspielen einer zu einem früheren Zeitpunkt abgefangenen Nachricht. Das bekannte Verfahren HMAC [7] stellt als Kombination einer Hash-Funktion mit einem geheimen Schlüssel eine sichere Methode gegen die unerkannte Veränderung einer Nachricht dar. Der geheime Schlüssel wird dazu zufällig generiert und mit dem Hash-Wert einer Hash-Funktion XOR verknüpft. Dieser verwendete Schlüssel beweist die unverfälschte und unveränderte Nachricht. Nur wer den geheimen Schlüssel kennt, kann authentische Nachrichten erzeugen und die Nachricht entsprechend prüfen. Dieses um die Zieladresse und die verschleierte Absendeadresse ergänzte Paket P_1 wird verschickt. Die Verschleierung der Absendeadresse schützt die Anonymität des Absenders. In einem zweiten Paket P_2 werden die für die Entschlüsselung der Nutzdaten in P_1 notwendigen Informationen verschickt.

Die Aufteilung der Informationen auf zwei unterschiedliche Pakete zeigt folgendes Ergebnis:

- Paket P_1 enthält im Klartext die Zieladresse und den Zeitstempel, verschleiert die Absendeadresse sowie verschlüsselt und verschleiert die Nutzdaten, den $HMAC_{P1}$ und den verwendeten Einmalschlüssel für die Berechnung des $HMAC_{P2}$.

- Paket P_2 enthält im Klartext den Verschleierungszeiger M_t und die Zieladresse sowie verschleiert die Absendeadresse, die verwendeten Einmalschlüssel für die Verschlüsselung der Nutzdaten und für die Berechnung des $HMAC_{P1}$, den $HMAC_{P2}$ und den Zeitstempel.

Die Verbindungsglieder und eindeutigen Zuordnungsmerkmale der Partnerpakete sind also die Zieladresse und der Zeitstempel. Die Verschleierung des Zeitstempels verhindert die offensichtliche Verbindung zueinander gehörender Partnerpakete. Potentielle Angreifer können aus den beiden Paketen lediglich den Zielort, als einzige in Klartext kommunizierte Information, identifizieren. Es kann aber ohne Kenntnis der Verschleierungsmechanismen nicht festgestellt werden welche Partnerpakete miteinander verbunden sind. Beide Pakete werden dem gleichen Empfänger zugestellt und dort zunächst zwischengespeichert. Paket P_2 wird mit Hilfe des mitversandten Verschleierungszeigers als erstes konkateniert. Durch den so offengelegten Zeitstempel wird das Partnerpaket P_1 identifiziert und kann mit dem Verschleierungszeiger ebenfalls konkateniert und daran anschließend mit den Schlüsseln aus Paket P_2 vollständig entschlüsselt werden.

In Tabelle 6.1 ist die Einhaltung der Sicherheitskriterien des vorgestellten Verfahrens zusammengefasst.

Tabelle 6.1: Einhaltung der Sicherheitskriterien

	Verschlüsselung	HMAC	Zeitstempel	unkenntlicher Absender
Vertraulichkeit	+			
Änderungsschutz		+	+	
Authentizität		+		+
Verbindlichkeit		+		+
Anonymität				+

6.2 Hardwareumsetzung

Im Folgenden wird, aufbauend auf den im vorherigen Abschnitt erarbeiteten Ergebnissen, die Hardwarestruktur für eine sichere Kommunikation vorgestellt. Dazu wird ein *Kryptomodul* eingeführt, welches als Netzknoten die Kommunikation im Netz abwickelt und alle notwendigen Baugruppen für Funktionen zur Erreichung der Sicherheitskriterien enthält. Das sind eine Schnittstelle zu dem verwendeten Kommunikationsbus (105), eine Ver-/Entschleierungseinheit (103), ein Ver-/Entschlüsselungsgerät (104), ein Schlüsselgenerator (108), ein als EEPROM ausgeführter Algorithmenspeicher (101), eine Schnittstelle zum Netzteilnehmer (106), ein Generator echter Zufallsbits (107) sowie ein Mikroprozessor mit Systemuhr (102) (vgl. Abbildungen 6.1 und 6.2). Das Betriebssystem und die Algorithmen im Algorithmenspeicher (101) sind fest und auslesesicher implementiert.

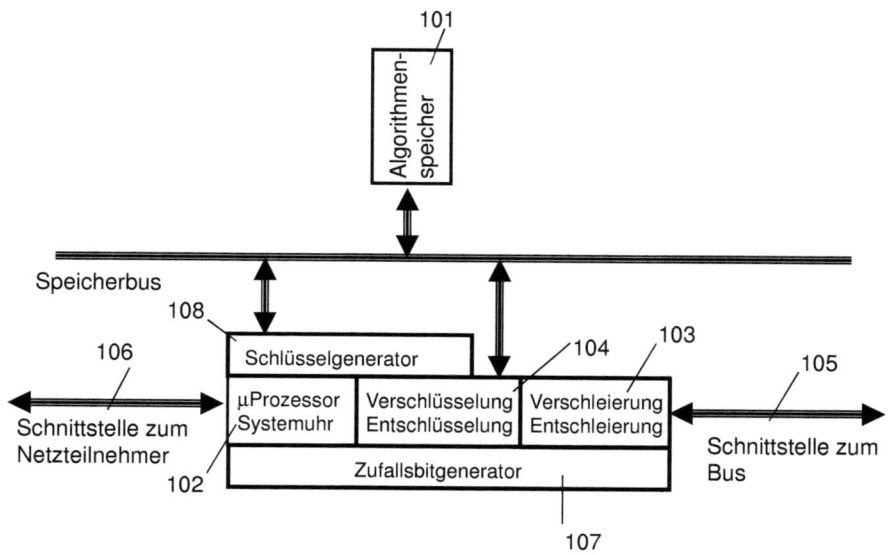

Abbildung 6.1: Aufbau eines Kryptomoduls

Die Verschleierungseinheit (103) mit ihrer Funktionsweise ist in [27] und ein echtzeitfähiges Bussystem mit Zeitsynchronisierung in [17, S. 54ff.] ausführlich beschrieben.

Je ein Kryptomodul wird zwischen einen Netzteilnehmer und den Kommunikationsbus geschaltet. Die Netzteilnehmer erzeugen und verarbeiten fortlaufend Daten, die sie als Nutzdaten über die Schnittstelle (109) an das Kryptomodul übergeben. Dort wird mit einer Zufallszahl aus dem Zufallsbitgenerator und einem der Algorithmen im Algorithmenspeicher ein zufälliger Einmalschlüssel berechnet. Geeignete Algorithmen sind insbesondere in [47, S. 46f. und S. 76f.], aber auch in [8] und [62] beschrieben. Mit diesem Einmalschlüssel werden die Nutzdaten vom niederwertigsten zum höchstwertigen Bit zur Erreichung der Vertraulichkeit verschlüsselt. Um informationstheoretische Sicherheit zu gewährleisten, muss die Länge der in den Speichern abgelegten Schlüssel nach dem Satz von Shannon der Länge der zu verschlüsselnden Daten entsprechen [51, 66]. Je nach verwendetem Feldbus- bzw. Kommunikationsbusstandard muss also die Schlüssellänge an die jeweilige Nutzdatenlänge angepasst werden.

Die verschlüsselten Nutzdaten werden als Eingangsdatenstrom der in [27] beschriebenen Verschleierungseinheit bitweise in ein Schieberegister eingelesen. Schieberegister arbeiten nach dem First-in-First-out (FIFO)-Prinzip. Zuerst eingelesene Bits werden also auch zuerst weitergegeben. Der eingelesene Eingangsdatenstrom wird dann zur Verschleierung in ein Eingangsregister des Prozessors der Verschleierungseinheit in Abhängigkeit eines zufällig gewählten Zeigers M_t eingelesen [27]. M_t ergibt sich für jedes Paket neu als eine vom Zufallsbitgenerator des Kryptomoduls erzeugte Zufallszahl größer oder gleich 1, jedoch kleiner als die Größe n des Eingangsregisters und es gilt: $1 \leq M_t < n; M_t \in \mathbb{N}$.

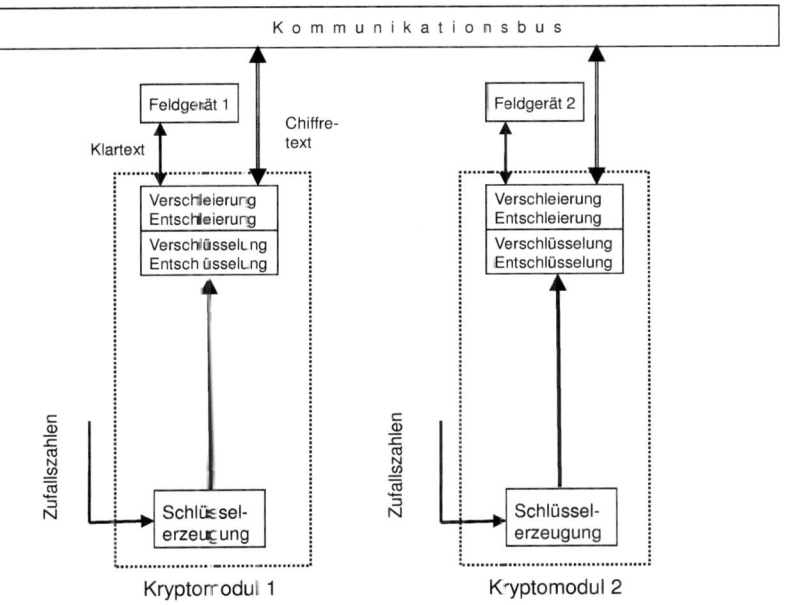

Abbildung 6.2: Ablauf des Verfahrens

Durch den Zeiger M_t ergibt sich die Verschleierung der versendeten Informationen (vgl. Abbildung 6.3), weil die restlichen Bit zur Vervollständigung der n Bit im Eingangsregister mit zufällig erzeugten Bit aufgefüllt werden. Im Eingangsregister befinden sich jetzt M_t Nutzbit und $(n - M_t)$ Füllbit. Der in Abbildung 6.3 dargestellte Festwertspeicher enthält die Menge aller 2^n möglichen Datenworte zu n Bitstellen Länge. Der Inhalt des Eingangsregisters wird dann als Adresse interpretiert, die einem von der Adresse verschiedenen Wert des Festwertspeichers zugeordnet ist, welcher dann als Alias, anstelle der verschlüsselten Prozessdaten in ein Ausgangsregister verschoben wird.

Dieses Ausgangsregister enthält für die n Bit des Festwertspeichers $\frac{n}{6}$ Plätze für jeweils 6 Bit. Jede Sechser-Gruppe wird an den Mikroprozessor gegeben, der binär jeweils den Wert 32 hinzuaddiert und unter Hinzufügung des Paritätsbits ein gültiges Zeichen nach dem American Standard Code for Information Exchange (ASCII) erzeugt. Es werden dementsprechend pro Takt $\frac{n}{6}$ gültige ASCII-Zeichen als Alias für eine in jedem Fall kleinere Anzahl Nutzdaten übertragen. Die Grenzen der verschlüsselten Nutzdaten werden also verschleiert. Der Festwertspeicher ist zwar immer gleich implementiert und erzeugt bei gleichem Eingangsregisterinhalt immer den gleichen Ausgangsregisterinhalt. Der Inhalt des Eingangsregisters kann auch zufällig mehrmals hintereinander gleiche Werte haben, jedoch entspricht wegen der zufällig erzeugten Füllbits dieser Wert nicht zwingend den gleichen Nutzdaten. Gleiche ASCII-Zeichen bedeuten also zu keinem Zeitpunkt gleiche Schlüsseldaten oder gar gleiche Nutzdaten.

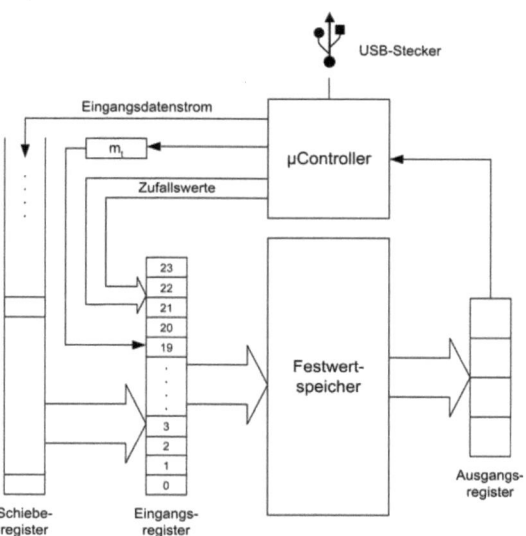

Abbildung 6.3: Beispielausführung eines Mikrocontrollers zur Datenverschleierung [27]

Dann fügt die Verschleierungseinheit auch den Zeitstempel hinzu. Zuletzt wird der HMAC-Wert berechnet. Dazu wird der geheime Schlüssel erstellt und mit dem Hash-Wert einer Hash-Funktion XOR verknüpft. Der verwendete Schlüssel beweist die Autentizität einer Nachricht. Nur mit dem geheimen Schlüssel können authentische Nachrichten erzeugt und die Authentizität einer Nachricht geprüft werden. Dieser Wert wird der Nachricht in P_1 verschlüsselt beigefügt und mit übertragen. Der vom Zufallsgenerator des Kryptomoduls für jedes Paket neu generierte Verschleierungszeiger M_t wird nicht in das zu übertragende Paket der Nutzdaten integriert, sondern im zweiten Paket P_2 an den Empfänger verschickt. Die Entschleierung und Entschlüsselung der Daten beim Empfänger erfolgt dann wie oben beschrieben.

Kapitel 7

Anwendungen der sicheren Kommunikation

In diesem Kapitel werden mögliche Anwendungen des im vorigen Kapitel gezeigten Verfahrens beschrieben.

7.1 Netze der Automatisierungstechnik

Automatisierungsnetze werden in vielen Produktionsbereichen und bei der Versorgung mit Energie oder Nahrungsmitteln eingesetzt. Die in Kapitel 2.4 dargestellten Bedrohungen und insbesondere die dort beschriebene Attacke von W32.Stuxnet auf Kernenergieanlagen sind sehr ernst zu nehmen. Auch automatisierte Anlagen der Wasserversorgung, als eines der wichtigsten Nahrungsmittel für Menschen und Tiere, sind als Angriffsziele zu nennen. Solche Anlagen werden zur Gewinnung und zur Aufbereitung von Wasser, wie auch zu dessen Verteilung betrieben. Sie können das Ziel von Saboteuren werden, um die Wasserversorgung zu unterbrechen. In [26] ist ein Hacker-Angriff auf die Steuerungstechnik eines Wasserwerkes in den USA beschrieben. Dabei ist es gelungen, über die nur unzureichend abgesicherte Internet-Verbindung des Wasserwerkes in das Steuerungssystem einzudringen und es zu manipulieren. Der Aufbau eines sicheren Kommunikationsnetzes für automatisierte Anlagen und Maschinen kann mit dem in Kapitel 6 gezeigten Vorschlag mit einigen Ergänzungen wie folgt umgesetzt werden.

Die durch einen Feldbus verbundene Automatisierungsarchitektur wird mit einem Kryptomodul, einem Leitknoten und einem zusätzlichen, auf Lichtwellenleitern basierenden Ringbussystem, erweitert. Der Leitknoten hat übergeordnete, zentrale Netzaufgaben und kann entweder als Zusatzkarte zur SPS gesteckt oder separat als eigener Hardwarebaustein montiert werden.

Konkrete primäre Aufgaben dieses Bausteins sind:

- Koordination der sicheren internen Kommunikation mit den Kryptomodulen,
- Klärung des externen Zugriffs auf das Netz (lokal oder über Fernzugriff),
- Kommunikation mit übergeordneten Systemen,
- Erzeugung und quantentechnischer Versand neuer, echter Zufallsbits innerhalb des Automatisierungssystems für die Schlüsselerzeugung,
- Erzeugen initialer Schlüssel für die Erstkommunikation mit den Knoten des Netzes,
- Zeitliche Synchronisierung aller Teilnehmer,
- Abfragen des Datenverkehrs über Netzsensoren (Absende- und Zieladressen),
- Abfragen der Adresstabellen aller eingesetzten Switches und Vergleich mit den Daten der eingesetzten Netzsensoren,
- Überwachung von Anomalien in der Netzkommunikation,
- Verwerfen von nicht für das Automatisierungsnetz bestimmter Pakete durch Paketfilter und
- Verhinderung einer möglichen Bandbreitensättigung – infolge von Überflutung des Netzverkehrs mit angreifenden Datenpaketen – durch Löschung überzähliger Pakete.

Der Leitknoten ist redundant ausgeführt, um eine hohe Verfügbarkeit zu gewährleisten. Er muss gegenüber Angriffen und Kompromittierungsversuchen gehärtet sein.

Das *Kryptomodul* wird als Netzknoten jeweils zwischen ein automatisierungstechnisches Gerät und den Feldbus geschaltet und übernimmt dann die Kommunikation anstelle des Netzteilnehmers. Es besitzt zusätzlich zu den in Kapitel 6.2 genannten Elementen einen Identspeicher (109) mit wahlfreiem Zugriff, eine Schnittstelle für das Feldgerät und den Leitknoten (106) und eine Quantenschlüsselverteilungseinheit (Quantum Key Distribution, QKD) (110) mit Eingangs- und Ausgangsschnittstellen für Lichtwellenleiter (111) (vgl. Abbildung 7.1). Das Kryptomodul ist als kompaktes Gerät ausgeführt.

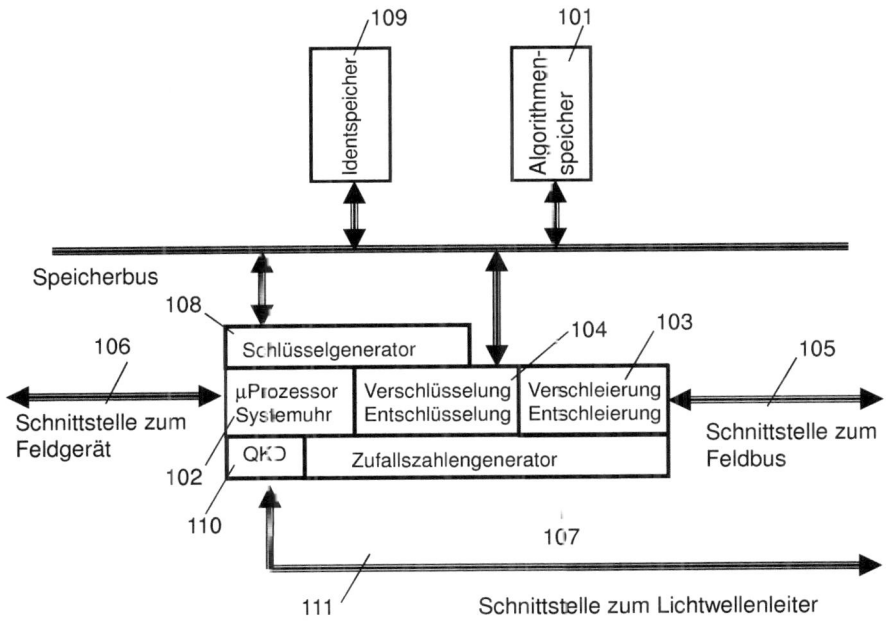

Abbildung 7.1: Kryptomodul in der Automatisierungstechnik

Eine Einheit zur quantenphysikalischen Verteilung von Schlüsseln über Lichtwellenleiter (113) ist in [82] ausführlich beschrieben. Über diese Einheit wird die Zeitsynchronisierung aus [17] vorgenommen und zusätzlich werden noch weitere Daten ausgetauscht.

Die Kryptomodule sind also durch zwei Leitungen verbunden (vgl. Abbildung 7.2): Zum einen durch den Feldbus (205) zur Kommunikation der Prozessdaten und zum anderen durch den Lichtwellenleiter (206). Da mit Laserdioden arbeitende Lichtwellenleitersysteme in der Lage sind, durch Modenmodifikation unterschiedliche Kanäle gleichzeitig im Lichtwellenleiter zu nutzen, können sowohl quantenphysikalisch als auch nicht-quantenphysikalisch erzeugte Daten über einen einzigen Lichtwellenleiter auf unterschiedlichen Kanälen gesendet werden.

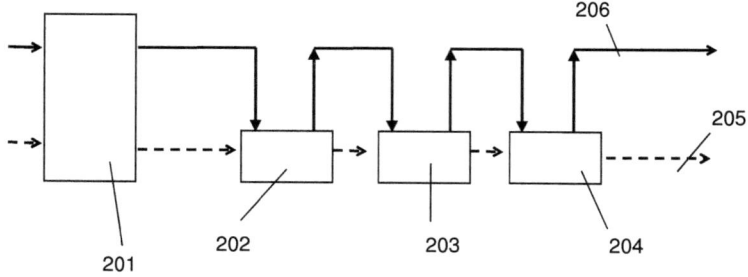

Abbildung 7.2: Anbindung der Kryptomodule durch Lichtwellenleiter

7.1.1 Initialisierungsphase

Der Leitknoten erzeugt nach dem Einschalten zunächst echte Zufallsbits und speichert diese im Schieberegister zwischen. Er startet die Synchronisierung der Systemzeit und verteilt die Zufallsbits Z_k quantenphysikalisch über den Lichtwellenleiter (206) an die Kryptomodule (202, 203, 204). Der Index k bezeichnet dabei die Reihenfolge, in der die Zufallsbits von den empfangenen Kryptomodulen in die Zufallsbytes vom niederwertigsten Bit zum höchstwertigen Bit eingefügt werden müssen. Mit den übertragenen Zufallsbits erzeugen dann die Kryptomodule Kommunikationsschlüssel $K\binom{k}{j}$ nach einem durch den Leitknoten zufällig ausgewählten, für alle Kryptomodule identischen und im Algorithmenspeicher (105) enthaltenen Algorithmus und schreiben diese in den Identspeicher (109), so dass anschließend die Identspeicher aller Kryptomodule identischen Inhalt aufweisen.

Zur Bestätigung, dass alle Kryptomodule die gleichen Zufallsbits erhalten und daraus in den Identspeichern auch gleiche Schlüssel erzeugt haben, fragt der Leitknoten verschlüsselt zufällig ausgewählte Speicherplätze ab und vergleicht diese mit den entsprechenden Speicherplätzen des eigenen Kryptomoduls. Nach erfolgreicher Schlüsselabfrage ist die Initialisierungsphase abgeschlossen und der Leitknoten startet den im Folgenden beschriebenen *Betriebsmodus*.

7.1.2 Betriebsmodus

Je ein Kryptomodul wird je einem der im Automatisierungsnetz eingesetzten Geräte vorgeschaltet. Die Geräte selbst erzeugen und verarbeiten fortlaufend Prozessdaten. Von den Geräten abgehende Prozessdaten werden über die Schnittstelle (106) an das Kryptomodul übergeben und dort mit einem eigens hergestellten Einmalschlüssel K verschlüsselt. Dann wird der HMAC-Wert berechnet. Der dafür notwendige geheime Schlüssel wird dem Identspeicher entnommen und mit dem Hash-Wert einer Hash-Funktion XOR verknüpft. Damit der Empfänger den verwendeten Schlüssel des Identspeichers bei der Entschlüsselung zuordnen kann, muss auch die Angabe des Schlüsselspeicherplatzes zum Empfänger gelangen. Diese Angabe wird ebenso wie der vom Zufallsgenerator des Kryptomoduls lokal nach jedem Paket neu generierte Verschleierungszeiger M_t nicht in das zu übertragende Paket P_F der Nutzdaten integriert, sondern in einer separaten Nachricht P_L über den Lichtwellenleiter an den Empfänger verschickt. Dazu schreibt die Verschleierungseinheit bzw. der Prozessor des Kryptomoduls die notwendigen Daten in ein zweites Paket, welches über den Lichtwellenleiter übertragen wird. Es existieren damit zwei unterschiedliche, aber zueinander gehörende Partnerpakete auf den beiden unterschiedlichen Übertragungswegen:

- Das Paket P_F, das über den Feldbus übertragen wird und im Klartext die Zieladresse und den Zeitstempel, verschleiert die Absendeadresse und verschlüsselt und verschleiert die Nutz- oder Prozessdaten, den $HMAC_F$ mit der Angabe des Schlüsselspeicherplatzes aus dem Identspeicher für die Berechnung des $HMAC_L$ enthält, sowie

- das Paket P_L, das zwar mittels der Quantenschlüsselverteilungseinheit, aber nicht quantenphysikalisch über den Lichtwellenleiter übertragen wird und im Klartext den Verschleierungszeiger M_t, die Zieladresse sowie verschleiert die Absendeadresse, den für das Paket P_F verwendeten Schlüssel K, den für das zweite Paket berechneten $HMAC_L$, den für die Berechnung des $HMAC_F$ verwendeten Speicherplatz des Identspeichers und den Zeitstempel enthält.

Die Verbindungsglieder und eindeutigen Zuordnungsmerkmale der Partnerpakete sind also wieder die Zieladresse und der Zeitstempel. Beide Pakete werden dem gleichen Empfänger zugestellt und dort zunächst zwischengespeichert. Paket P_L wird entpackt und mit Hilfe des mitversandten Verschleierungszeigers als erstes konkateniert. Durch den so offengelegten Zeitstempel wird das Partnerpaket P_F identifiziert, mit dem Verschleierungszeiger ebenfalls konkateniert und kann anschließend mit den zuvor offengelegten Schlüsseln vollständig entschlüsselt werden. Die dann als Klartext vorliegenden Prozessdaten werden zur Weiterverarbeitung an das automatisierungstechnische Gerät gegeben.

7.1.3 Kontrollinstanzen

Um zu verhindern, dass Kommunikationsinhalte offen gelegt werden und um sicherzustellen, dass die berechtigten Netzteilnehmer einer ständigen Kontrolle unterliegen, so dass keine Angreifer in die Netze eindringen oder dort agieren können, muss der Betrieb der Netzknoten authentifiziert und überwacht werden. Das geschieht über die Zuordnung und Steuerung von Kontrollinstanzen (vgl. Abbildungen 7.3 und 7.4).

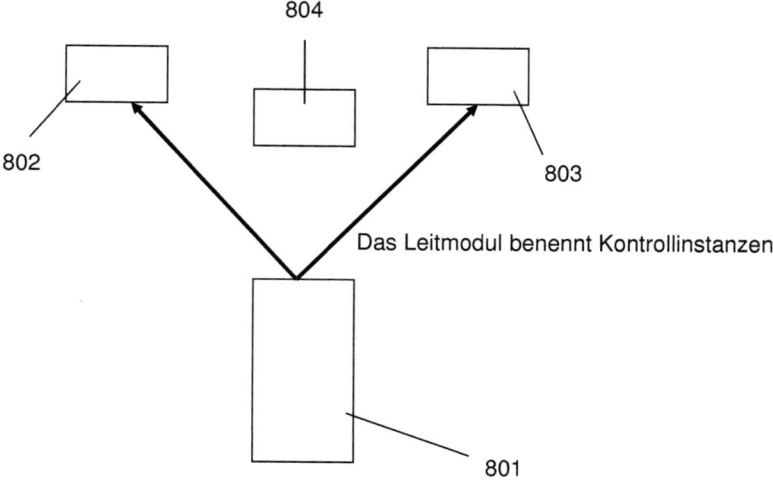

Abbildung 7.3: Kontrollinstanzen werden bestimmt

Der Leitknoten (801) bestimmt zufällig und temporär wechselnd für jedes Kryptomodul (804) zwei andere Kryptomodule (802, 803) als Kontrollinstanzen. Diese prüfen in zufällig bestimmten Zeitabständen das zugeordnete Kryptomodul (804) durch Abfragen des Inhalts zufällig bestimmter Speicheradressen des Identspeichers. Diese Abfragen werden ausschließlich über den Lichtwellenleiter übertragen, um den Datenverkehr auf dem Feldbus nicht zu belasten. Der Inhalt des Identspeichers ist nur autorisierten Teilnehmern bekannt.

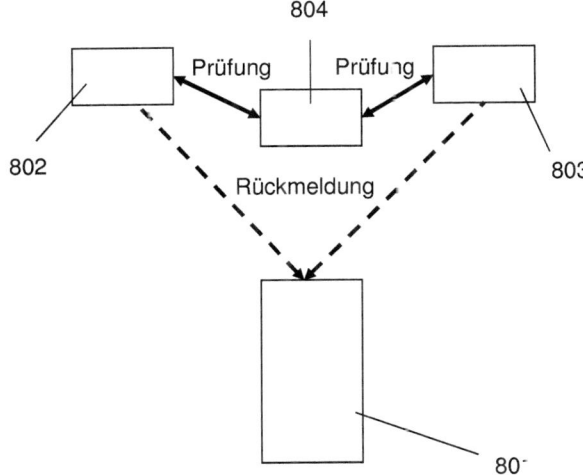

Abbildung 7.4: Prüfung und Rückmeldung

Mit einer Abfrage wird das zu prüfende Kryptomodul (804) aufgefordert, verschlüsselt und verschleiert, jedoch nicht quantenphysikalisch, den Inhalt eines bestimmten Speicherbereichs des Identspeichers zu senden. Das dazugehörende Partnerpaket enthält, wie oben beschrieben, den Verschleierungszeiger. Nach Versenden der Information wird der Speicherinhalt mit einem Merker versehen, um eine zweite Nutzung auszuschließen. Das jeweils anfragende Kryptomodul (802, 803) entschleiert und entschlüsselt die Speicherplatzinformationen. Es prüft die Antwort durch Vergleich mit dem entsprechenden Eintrag im eigenen Identspeicher und leitet gegebenenfalls das Ergebnis „falsch" an den Leitknoten (801) weiter. Als übergeordnete Instanz fragt dieser das betreffende Kryptomodul (804) erneut ab und alarmiert bei wiederholter Fehlermeldung das Bedienpersonal.

7.1.4 Pseudocode

program Systemzeit – Synchronisierung
/* Datendeklaration */
    var t: real /* die Systemzeit */
begin;
t := Systemzeit des Leitmoduls;
read t;
send t through QKD;
end program

program Entnahme und Verteilung der echten Zufallsbits
/* Datendeklaration */
    var n: integer /* eine Zählvariable */
    var R: integer /* die jeweils ersten 8 Bit des FIFO-Zufallsbitgenerators */
begin;
read R {aus dem FIFO-Schieberegister des Zufallsbitgenerators};
/* Schleife „Versand" */
n := 0;
while n < 8 do
    n := n+1;
    {sende Bit n über den Ausgang QKD an die Kryptomodule};
end – while;
end program

program Empfang von 24 echten Zufallsbits über Kabel
/* Datendeklaration */
    var n: integer /* eine Zählvariable */
    var QKD_E: integer /* der Eingangswert (ein Bit) der QKD */
    var Z: string /* ein 24 Bit-großes Schieberegister */
    var V_E: string /* das Eingangsschieberegister des Algorithmenspeichers */
begin;
n := 0;
/* Schleife „Zufallsbit lesen und schreiben" */
while n < 24 do
    n := n+1;
    read QKD_E;
    {Speichere QKD_E in das Schieberegister Z an Position n};
end – while;
{schiebe die drei Bytes in das Eingangsschieberegister V_E des Algorithmenspeichers};
end program

program Erzeugung der Pseudozufallsbitketten für die Einmalschlüssel im Identspeicher
/* Datendeklaration */
    var V_E: string /* das Eingangsschieberegister des Algorithmenspeichers mit Zufallsbits */
    var V_A: string /* das Ausgangsschieberegister des Algorithmenspeichers */

    var j: integer /* Variable der zweidimensionalen Matrix */
    var n: integer /* Variable der zweidimensionalen Matrix */
    var x: real /* variabler Eingangswert des Algorithmus */
    var f: real /* ein Funktionswert */
    var K: real /* der erzeugte Schlüssel */
    var a: integer /* ein Wert aus dem Intervall [0,1] */
    var z: integer /* dieser Wert bestimmt die Anzahl der Iterationen */
    var Sp_i: integer /* die Speicherplatzadresse im Identspeicher */
    var y: integer /* eine Zählvariable */
begin;
read V_E;
j := {ein zufällig bestimmter Wert im Intervall [0,L]};
n := {ein zufällig bestimmter Wert im Intervall [0,L]};
z := {ein zufällig bestimmter Wert von 512 Bit Länge};
n := {ein zufällig bestimmter Wert im Intervall [0,1]};
y := 0;
x := V_E;
Sp_i := 0;
V_A := 0;
/* Schleife „Schlüsselerzeugung" */
repeat
    while $x_1^0 \neq x_n^j$ or {no „Wechsel_Startwert"} or y=z do
        compute $x_{n+1}^j = (1-0,95)f(x_n^j, a_j) + 0,95 f(x_n^{j-1}, a_{j-1})$; [47]
        compute $f(x_n^j, a_j) = (3,9 + 0,1 a_j) x_n^j (1 - x_n^j)$; [47]
        compute $K_n^j = int[x_r^s \times 2^{52}] \mod 2^{32}$; [47]
        write K_n^j {in Aushangsregister V_A};
        write V_A {nach Speicherplatz Sp_i im Identspeicher};
        if {Speicherplatz Sp_i voll} then
        end – if;
            else repeat while.
        j := j+1;
        n := n+1;
        y := y+1;
        Sp_i := Sp_i + 1;
    end – while;
until {„stop_Erzeugung"};
end program

program Entnehmen der Prozessdaten und Verschlüsselung Paket P_F
/* Datendeklaration */
    var PD: real /* die Prozessdaten */
    var R_{CF}: string /* Schieberegister für das Paket „Feldbus" */
    var V_E: string /* das Eingangsschieberegister des Algorithmenspeichers */
    var j: integer /* eine Variable der zweidimensionalen Matrix */
    var n: integer /* eine Variable der zweidimensionalen Matrix */
    var x: real /* der variable Eingangswert */
    var f: real /* ein Funktionswert */

var K: real /* der erzeugte Schlüssel */
var a: integer /* ein Wert aus dem Intervall [0,1] */
var z: integer /* dieser Wert bestimmt die Anzahl der Iterationen */
var $HMAC_F$: string /* HMAC-Wert des Paketes P_F */
var C_{PD}: string /* verschlüsselte Prozessdatenbits */
var Sp_{iF}: integer /* der Identspeicherplatz für den $HMAC_F$ */
var y: integer /* eine Zählvariable */
var Sp_{iL}: integer /* der Speicherplatz des Identspeichers für den $HMAC_L$ */
begin;
read PD;
/* blockweise Verschlüsselung */
read V_E;
j := {ein zufällig bestimmter Wert im Intervall [0,L]};
n := {ein zufällig bestimmter Wert im Intervall [0,L]};
a := {ein zufällig bestimmter Wert im Intervall [0,1]};
z := {ein zufällig bestimmter Wert von 512 Bit Länge};
y := 0;
x := V_E;
Sp_i := eine zufällig bestimmte Identspeicheradresse;
/* Schleife „Schlüsselerzeugung und Verschlüsselung" */
repeat
    while $x_1^0 \neq x_n^j$ or {no „Wechsel_Startwert"} or y=z do
        compute $x_{n+1}^j = (1 - 0,95)f(x_n^j, a_j) + 0,95 f(x_n^{j-1}, a_{j-1})$; [47]
        compute $f(x_n^j, a_j) = (3,9 + 0,1 a_j) x_n^j (1 - x_n^j)$; [47]
        compute $K_n^j = int[x_n^j \times 2^{52}] \bmod 2^{32}$; [47]
        compute $HMAC_F$ {mit dem Inhalt aus Sp_{iF}};
        {ergänze PD um $HMAC_F$ und Sp_{iL}};
        compute $C_{PD} = PD \oplus K$
write C_{PD} {vom niederwertigsten zum höchstwertigen Bit in das Schieberegister R_{CF}};
/* Der Inhalt von R_{CF} besteht aus PD, $HMAC_F$ und Sp_{iL} */
write R_{CF} {an Verschleierungseinheit};
end program

program Verschleierung Paket P_F durch die Verschleierungseinheit im Kabelbetrieb
/* Datendeklaration */
    var n: integer /* eine Zählvariable */
    var S: string /* die Absendeadresse */
    var E: string /* die Zieladresse */
    var Sp_i: string /* die Adresse des Schlüsselspeicherplatzes des Identspeichers */
    var R_{CF}: string /* Schieberegister für das Paket „Feldbus" */
    var SR_A: string /* ein 24Bit-großes Eingangsschieberegister */
    var SR, SR_n, SR_{1-4}: string /* passende Schieberegister */
    var M_t: integer /* die ersten 5 Bit des FIFO-Registers des Zufallsbitgenerators */
    var A_{FWSP}: string /* der Inhalt des Festwertspeichers */
    var R_A: string /* ein Register zur Aufnahme der verschlüsselten Nutzdaten */
    var R_{Sende}: string /* das Register mit der verschleierten Abendeadresse */
    var t: real /* der Zeitstempel */

begin;
read R_{CF}, S;
/* Schleife „Bestimmung M_t" */
repeat
    M_t := {die ersten 5 Bit des FIFO-Registers des Zufallsbitgenerators};
until $M_t <= 20$;
/* Schleife „Verschleierung $\bar{n}_{CF}$" */
repeat
    SR_A := {M_t-Bit des Schieberegisters R_{CF}};
    A_{FWSP} := SR_A + (24-M_t)-Bit {des FIFO-Registers des Zufallsbitgenerators};
    SR_1 := {die ersten 6 niederwertigsten Bits von A_{FWSP}};
    SR_2 := {die zweiten 6 niederwertigsten Bits von A_{FWSP}};
    SR_3 := {die dritten 6 niederwertigsten Bits von A_{FWSP}};
    SR_4 := {die vierten 6 niederwertigsten Bits von A_{FWSP}};
/* Schleife „ASCII" */
    for n := 1 to 4 do
        SR_n := SR_n + 32 {und ergänze ein Paritätsbit};
        write SR_n {in ein Register R_A};
    end – for;
until {R_A voll}; /* mehr ASCII-Zeichen als mögliche Nutzdaten */
/* Schleife „Verschleierung Absendeadresse" */
SR_A := 0;
repeat
    SR_A := {die ersten M_t-Bit von S};
    A_{FWSP} := SR_A + (24-M_t)-Bit {des FIFO-Registers des Zufallsbitgenerators};
    SR_1 := {die ersten 6 niederwertigsten Bits von A_{FWSP}};
    SR_2 := {die zweiten 6 niederwertigsten Bits von A_{FWSP}};
    SR_3 := {die dritten 6 niederwertigsten Bits von A_{FWSP}};
    SR_4 := {die vierten 6 niederwertigsten Bits von A_{FWSP}};
/* Schleife „ASCII Absendeadresse" */
    for n := 1 to 4 do
        SR_n := SR_n + 32 {und ergänze ein Paritätsbit};
        write SR_n {in ein Register R_{Sende}};
    end – for;
until {Absendeadresse vollständig verschleiert};
write R_{Sende}, R_A, t {in Paket P_F über den Feldbus an E};
end program

program Verschleierung und Versand der Hilfsdaten in Paket P_L über Lichtwellenleiter
/* Datendeklaration */
    var n: integer /* eine Zählvariable */
    var Sp_{iF}: string /* die Identspeicheradresse des $HMAC_F$ */
    var $HMAC_L$: string /* HMaC-Wert des Paketes P_L */
    var Sp_{HMACF}: integer /* Identspeicherplatz für den $HMAC_F$ */
    var SR_A: string /* ein 24Bit-großes Eingangsschieberegister */
    var SR, SR_n: string /* passende Schieberegister */
    var t: real /* der Zeitstempel */

var A_{FWSP}: string /* der Inhalt des Festwertspeichers */
   var R_A: string /* Register für die verschlüsselten Nutzdaten */
   var R_{Sende}: string /* das Register mit der verschleierten Absendeadresse */
   var M_t: integer /* die ersten 5 Bit des FIFO-Registers des Zufallsbitgenerators */
   var R_{DV}: string /* ein Schieberegister zum Datenversand */
   var E: string /* die Zieladresse */
   var S: string /* die Absendeadresse */
   var K: real /* der erzeugte Einmalschlüssel aus Paket P_F */
   var R_{CL}: string /* Schieberegister für das Paket „Lichtwellenleiter" */
begin;
compute $HMAC_L$
write $HMAC_L$ {in das Schieberegister R_{CL}};
write Sp_{iF} {in das Schieberegister R_{CL}};
write t {in das Schieberegister R_{CL}};
write K {in das Schieberegister R_{CL}};
/* Schleife „Verschleierung Hilfsdaten" */
$SR_A := 0$;
repeat
   $SR_A :=$ {die ersten M_t-Bit von R_{CL}};
   $A_{FWSP} := SR_A + (24-M_t)$-Bit {des FIFO-Registers des Zufallsbitgenerators};
   $SR_1 :=$ {die ersten 6 niederwertigsten Bits von A_{FWSP}};
   $SR_2 :=$ {die zweiten 6 niederwertigsten Bits von A_{FWSP}};
   $SR_3 :=$ {die dritten 6 niederwertigsten Bits von A_{FWSP}};
   $SR_4 :=$ {die vierten 6 niederwertigsten Bits von A_{FWSP}};
/* Schleife „ASCII Hilfsdaten" */
   for n := 1 to 4 do
      $SR_n := SR_n + 32$ {und ergänze ein Paritätsbit};
      write SR_n {in ein Register R_{DV}};
   end – for;
until {R_{CL} vollständig verschleiert};
write R_{Sende}, R_{DV}, M_t {in Paket P_L über Ausgang QKD an E};
end program

program Authentisierung / Authentifizierung eines Knotens
/* Datendeklaration */
   var A: integer /* die Anzahl aller Netzknoten */
   var x: /* eine Zählvariable */
   var y: /* eine Zählvariable */
   var z: /* eine Zählvariable */
begin;
A := {Anzahl aller Netzknoten};
x := 1;
y := 2;
z := 3;
/* Schleife „Zuweisung der Prüfknoten" */
repeat
   {Weise Knoten x die Überprüfung des Knotens z zu};

{Weise Knoten y die Überprüfung des Knotens z zu};
x := x+1;
y := y+1;
z := z+1;
until z := A;
{Weise Knoten (A-1) die Überprüfung des Knotens 1 zu};
{Weise Knoten A die Überprüfung des Knotens 1 zu};
{Weise Knoten A die Überprüfung des Knotens 2 zu};
{Weise Knoten 1 die Überprüfung des Knotens 2 zu};
end program

program Knotenprüfung
/* Datendeklaration */
    var S_x: integer /* ein Speicherplatz des Identspeichers bei Knoten x */
    var S_e: integer /* ein Speicherplatz des Identspeichers des eigenen Knotens e */
    var S_L: integer /* ein Speicherplatz des Identspeichers des Leitknotens */
begin;
repeat
    {vergleiche, ob $S_x = S_e$};
until $S_x \neq S_e$;
{Sende die fehlerhafte Identifizierung mit Logbucheintrag an das Leitmodul};
{Starte die Abfrage aller Knoten durch das Leitmodul};
if $S_x = S_L$ then
    {Melde OK};
else
    {Unterbrechen der Kommunikationsbereitschaft des Knotens x und Alarmmeldung}
end – if;
end program

7.2 Optimierung der Schlüsselverwaltung

In den bis hier gezeigten Verfahren werden die für die Verschlüsselungen verwendeten Einmalschlüssel verschleiert über eine Leitung mit an den Empfänger übertragen. Die Schlüssel gelangen so beim Abhören der Leitung in jedem Fall in die Hände des Angreifers und können einer Kryptoanalyse unterzogen werden. Die kryptographische Sicherheit hängt also allein von der Wirksamkeit der Verschleierung ab. Damit auf der Leitung die Übertragung eines Einmalschlüssels unnötig wird, müssen folgende Ziele erreicht werden:

- Alle Knoten besitzen immer die gleichen Schlüssel.

- Jeder Schlüssel wird nur ein einziges Mal benutzt.

- Die Schlüssel müssen lokal permanent produziert werden und sofort für die Verschlüsselung zur Verfügung stehen.

Dazu wird das *Kryptomodul* um einen Speicherbereich aus einem oder mehreren Speichern (112, 113, 114) mit wahlfreiem Zugriff erweitert (vgl. Abbildung 7.5).

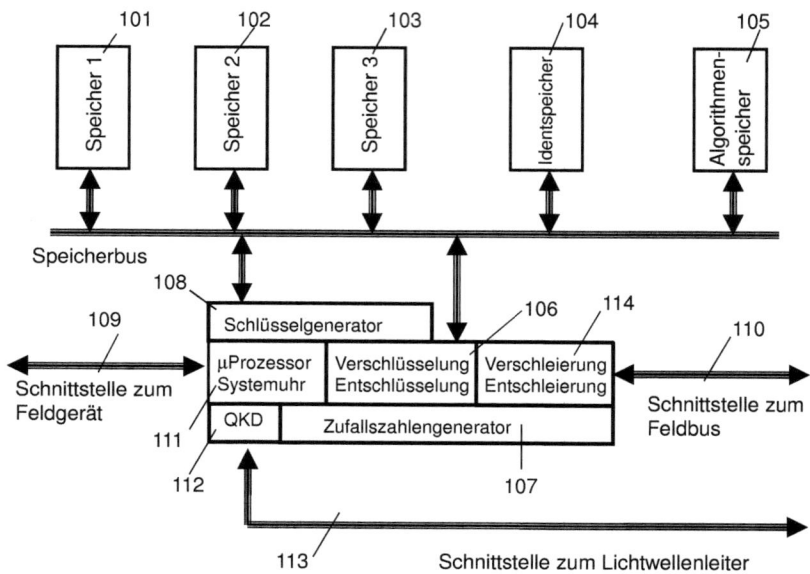

Abbildung 7.5: Kryptomodul mit Speichererweiterung

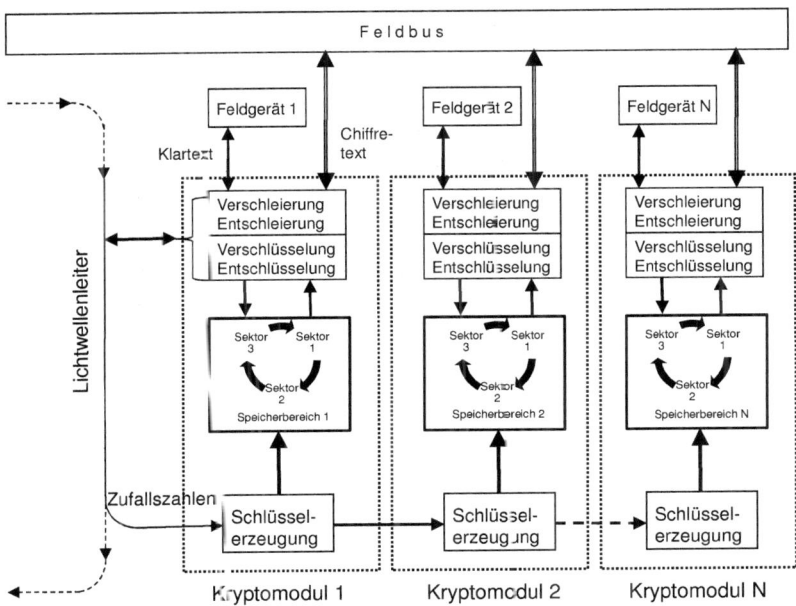

Abbildung 7.6: Ablauf des Verfahrens

Neu eingeschaltete Kryptomodule haben zunächst leere Speicher. Der Leitknoten erzeugt nach dem Einschalten in einem ersten Schritt echte Zufallsbits, speichert diese im Schieberegister zwischen und entnimmt dann aus dem Schieberegister Zufallszahlen zu je 8 Byte. Aus diesen Zufallszahlen werden mit einem der Algorithmen des Algorithmenspeichers (101) Pseudozufallszahlen berechnet, deren Bitfolgen dann als Schlüssel im Identspeicher abgespeichert werden. So werden aus einer geringen Anzahl binärer echter Zufallszahlen eine große Anzahl binärer Pseudozufallszahlen, die dann die Schlüssel bilden, erzeugt.

In einem zweiten Schritt werden die Kryptomodule einzeln nacheinander in den Steckplatz des Leitknotens gesteckt und die Schlüssel automatisch in den Identspeicher (104) kopiert. Auch wird jedem Kryptomodul vom Leitknoten eine Ordnungsnummer N_n aufsteigend von $n = 1$ bis N zugewiesen. Die letzte zugewiesene Ordnungszahl N entspricht dann der Gesamtzahl der im Netz eingesetzten Kryptomodule. Das Kryptomodul des Leitknotens erhält immer die Ordnungsnummer N_0. Nach dem Kopiervorgang haben alle Kryptomodule den gleichen Vorrat an Schlüsseln im Identspeicher und können als Kommunikationskarte an die Feldgeräte montiert werden.

Nach dem physikalischen Aufbau des Netzes mit einer Ethernetleitung und einem Lichtwellenleiter fragt das Leitmodul mit einem Protokollbefehl die Kommunikationsbereitschaft jedes einzelnen Netzknotens ab und teilt dabei auch die Gesamtanzahl N aller Kryptomodule im Netz mit. In jedem Kryptomodul werden dann die vorhandenen und ausreichend dimensionierten Speicher (112, 113, 114) in so viele Speicherbereiche S_N eingeteilt, wie Kryptomodule im Netz vorhanden sind. Diese Speicherbereiche werden nochmals in je drei gleich große Sektoren unterteilt. Die Anzahl benötigter Schlüssel und die Dimensionierung des Speichers richtet sich nach der Anzahl Pakete, die pro Sekunde verschlüsselt werden müssen. Bei einem Netz mit einer Bandbreite von 100 MBit ist die maximale Übertragungszeit T für ein Paket mit 1500 Byte Nutzdaten und 26 Byte Steuerdaten:

$$T = \frac{Bit/Paket}{Durchsatz} + interframegap = \frac{12208 Bit}{100 MBit/s} + 0,96\mu s = 123 \mu s.$$

Die Rahmen-Übertragungsrate R_{frame} pro Sekunde (frames per second, fps) ist dann

$$R_{frame} = \frac{1}{T} = \frac{1}{123\mu s} = 8130 fps$$

Pro Sekunde Nutzungsdauer des Arbeitsspeichers müssten also maximal 8130 Pakete verschlüsselt werden können.

In [63] wurde aber gezeigt, dass in der Praxis der Automatisierungstechnik mit ca. 3000 fps weniger Pakete als die maximale Paketanzahl verschlüsselt werden müssen. Daraus folgt, dass mit einer Nutzlast von maximal 1500 Byte pro Ethernetpaket 4,5 MByte Nutzdaten pro Sekunde zu verschlüsseln sind. Bei einer Nutzung des Speicherinhaltes mit Einmalschlüsseln für 10 Sekunden muss also pro Netzknoten ein Sektor eines Speichers (101) jeweils 45 MByte groß sein, ein Speicherbereich dann 135 MByte. Bei einer mit angenommen 30 Knoten arbeitenden Automatisierungsarchitektur muss der Gesamtspeicherbereich eines Kryptomoduls dann mit 4 GByte Speicher dimensioniert werden.

Der Leitknoten startet die Synchronisierung der Systemzeit, erzeugt die Zufallsbits Z_k und verteilt sie quantenphysikalisch über den Lichtwellenleiter an die Kryptomodule. Der Index k bezeichnet dabei die Reihenfolge, in der die Zufallsbits von den empfangenden Kryptomodulen in die Zufallsbytes vom niederwertigsten Bit zum höchstwertigen Bit eingefügt werden müssen.

Mit den übertragenen Zufallsbits erzeugen die Kryptomodule Kommunikationsschlüssel K nach einem durch den Leitknoten zufällig ausgewählten, für alle Kryptomodule identischen und im Algorithmenspeicher (105) enthaltenen Algorithmus zur Erzeugung von Pseudozufallszahlen und schreiben diese in die vorbereiteten, in Sektoren unterteilten Speicherbereiche der Speicher (101, 102, 103) und in den Identspeicher (104), so dass anschließend die einander entsprechenden Speicherbereiche sowie die Identspeicher aller Kryptomodule identischen Inhalt aufweisen. Um die Sicherheitskriterien einzuhalten muss darauf geachtet werden, dass die Pseudozufallsbitfolge nicht periodisch wird. Deshalb muss der verwendete Startwert mit einem Protokollbefehl rechtzeitig erneuert werden. Auch müssen als Startwerte und Parameterwerte geheim übertragene, aus echten Zufallsbits bestehende Zahlen verwendet werden, die kontinuierlich wechseln. Einem Angreifer fehlt dann der echt zufällige Startwert und die ebenfalls echt zufälligen Parameterwerte. Er kann die Pseudozufallszahlen also nicht errechnen.

Die Schlüssel können in den Kryptomodulen im Übrigen auch ohne deren Einstecken in das Leitmodul erzeugt werden. Dazu wird der quantenphysikalische Versand der Zufallsbits bei den mit Lichtwellenleitern angeschlossenen Kryptomodulen ausgenutzt und aus den sicher und abhörfrei übertragenen Zufallsbits werden Zufallszahlen zusammengestellt, aus denen in allen angeschlossenen Kryptomodulen einheitlich Pseudozufallszahlen generiert werden, die, wie beschrieben, die Schlüssel bilden. Zur Überprüfung, ob alle Kryptomodule gleiche Schlüssel erzeugt haben, fragt das Leitmodul zufällig ausgewählte Schlüsselspeicherplätze ab und vergleicht diese mit eigenen Schlüsselspeicherplätzen. Bei Gleichheit gibt das Leitmodul die weiteren Schritte frei.

Die vorgenommene Organisation der Speicher führt zwar dazu, dass alle Kryptomodule identische Informationen über die vorhandenen Schlüssel besitzen. Jedes Kryptomodul verwendet jedoch individuell für die Verschlüsselung der eigenen Daten ausschließlich und eineindeutig den Speicherbereich mit genau den drei Sektoren, der seiner Ordnungsnummer entspricht. Für jedes Kryptomodul N_n ist das der Speicherbereich S_n. Die anderen Bereiche dienen ausschließlich der Entschlüsselung der von den jeweils anderen Kryptomodulen verschickten Daten (vgl. Abbildung 7.7).

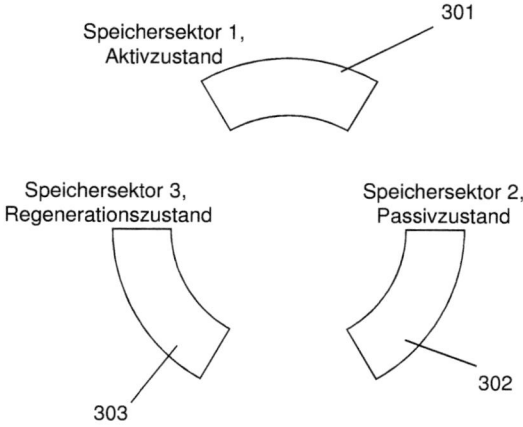

Abbildung 7.7: Initialisierungsphase

Um informationstheoretische Sicherheit zu gewährleisten, muss die Länge der in den Speichern abgelegten Schlüssel nach dem Satz von Shannon der Länge der zu verschlüsselnden Daten entsprechen [51, 66]. Je nach verwendetem Feldbusstandard muss deshalb die Schlüssellänge an die jeweilige Nutzdatenlänge angepasst werden. In dem hier vorgestellten Verfahren am Beispiel des Ethernet beträgt die zu verschlüsselnde Nutzdatenlänge 1372 Byte und die Schlüssellänge – wegen der zusätzlichen Information des Sp_{iL} von 8 Byte – 1380 Byte.

Wie bereits beschrieben, besteht jeder individuell genutzte Speicherbereich aus genau drei Sektoren, beziffert mit 1, 2 und 3 (vgl. Abbildung 7.7). Jeder dieser Sektoren (301, 302, 303) kann sich in genau einem Betriebszustand befinden. Im Aktivzustand (A) befindet sich ein mit Schlüsseln gefüllter und aktiv arbeitender Sektor, ein weiterer im Passivzustand (P) befindlicher Sektor ist ebenfalls mit Schlüsseln gefüllt und so vorbereitet, dass bei Bedarf umgeschaltet und sofort Schlüssel entnommen werden können. Durch den laufenden Betrieb werden aus dem jeweils im Aktivzustand befindlichen Sektor Schlüssel entnommen. In diesem Sektor stehen wegen der Einmalverwendung der Schlüssel immer weniger ungebrauchte Schlüssel bereit. Daher ist ein Regenerationszustand (R) notwendig, in dem der Sektor mit neuen Schlüsseln befüllt wird, der sich zuletzt im Aktivzustand befunden hat. Durch ein Ablaufprogramm mit entsprechenden Verriegelungen wird erreicht, dass sich nur ein Sektor immer in der gleichen Reihenfolge in genau einem der drei Zustände befinden kann.

Nach der Initialisierung durch den Inbetriebnahmemodus steht Sektor 1 im Zustand A (aktiv), Sektor 2 im Zustand P (passiv) und Sektor 3 im Zustand R (regenerieren).

Zur Bestätigung, dass alle Kryptomodule die gleichen Zufallsbits erhalten und daraus an den entsprechenden Speicherplätzen identische Schlüssel erzeugt haben, fragt der Leitknoten verschlüsselt zufällig ausgewählte Speicherplätze ab und vergleicht diese mit den entsprechenden Speicherplätzen des eigenen Kryptomoduls. Bei erfolgreicher Schlüsselabfrage wird die Initialisierungsphase abgeschlossen und der Leitknoten startet den im Folgenden, am Beispiel des Ethernet beschriebenen Netzbetrieb.

7.2.1 Netzbetrieb am Beispiel des Ethernet

Je ein Kryptomodul wird je einem der im Automatisierungsnetz eingesetzten Geräte vorgeschaltet. Die Geräte selbst erzeugen und verarbeiten fortlaufend Prozessdaten. Von den Geräten abgehende Prozessdaten werden über die Schnittstelle (106) an das Kryptomodul übergeben. Dort wird mit dem Zufallsbitgenerator eine zufällige Speicheradresse erzeugt, die den Schlüssel aus dem im Aktivzustand befindlichen Sektor des zugehörenden Speicherbereiches enthält, mit welchem dann die Prozessdaten vom niederwertigsten zum höchstwertigen Bit verschlüsselt werden.

Die Verschleierung der Daten erfolgt wie in Kapitel 6.2 beschrieben. Die Verschleierungseinheit fügt auch den Zeitstempel hinzu. Neben der zeitlichen Synchronisierung bietet der Zeitstempel auch einen effizienten Schutz gegen Wiedereinspielen einer zu einem früheren Zeitpunkt abgefangenen Nachricht. Für den Zeitstempel werden 8 Byte vorgesehen. Zuletzt wird der $HMAC_F$ berechnet. Dieser verschlüsselte Wert und die Speicherplatzinformation Sp_{iL} für die Berechnung des $HMAC_L$ werden vor der Nachricht beigefügt und mit übertragen. Für den Hash-Wert sind 512 Bit, also 64 Byte, zu reservieren [7, 68], für den Sp_{iL} werden 2 Byte vorgesehen. Diese Daten werden zunächst in den Nutzdatenteil eines TCP-Paketes geschrieben, bevor die Daten in ein IP- und weiter in ein Ethernetpaket gekapselt werden (vgl. Abbildungen 7.8, 7.9, 7.10, 7.11 und 7.12).

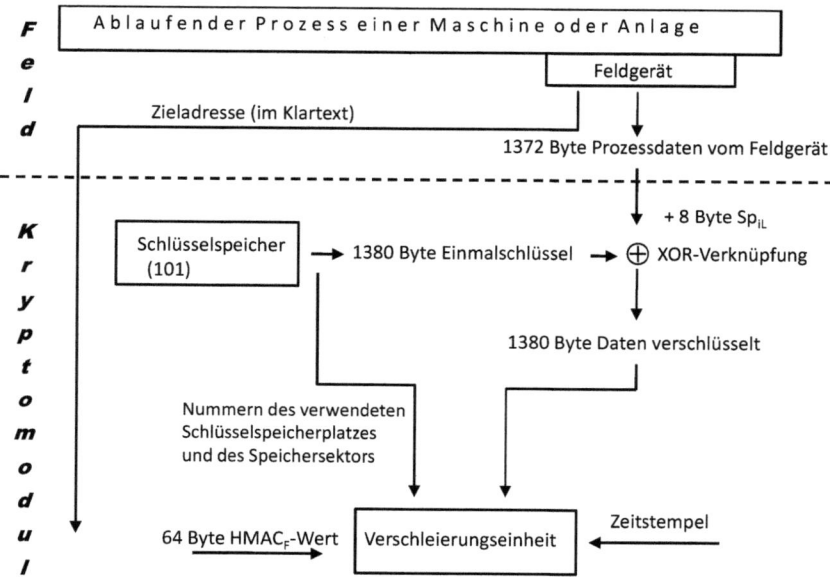

Abbildung 7.8: Verschlüsselung der Prozessdaten und Übergabe an die Verschleierungseinheit

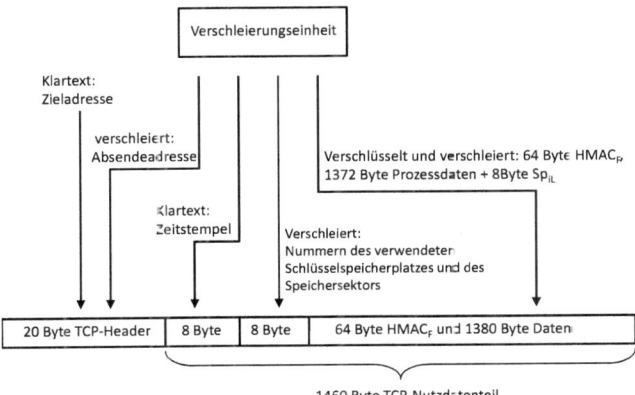

Abbildung 7.9: Schreiben der Daten in das TCP-Paket

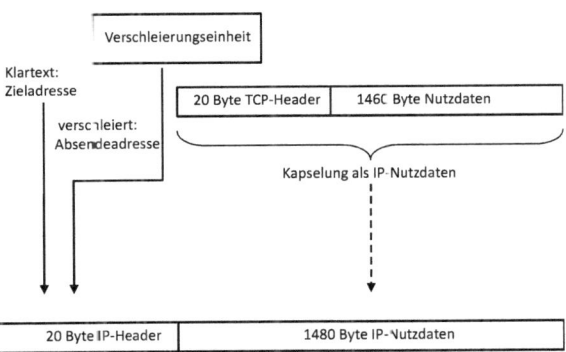

Abbildung 7.10: Kapselung der Daten in das IP-Paket

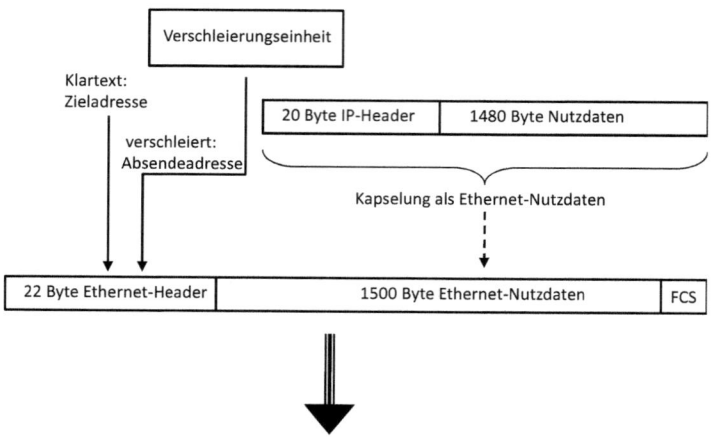

Abbildung 7.11: Kapselung der Daten in das Ethernetpaket

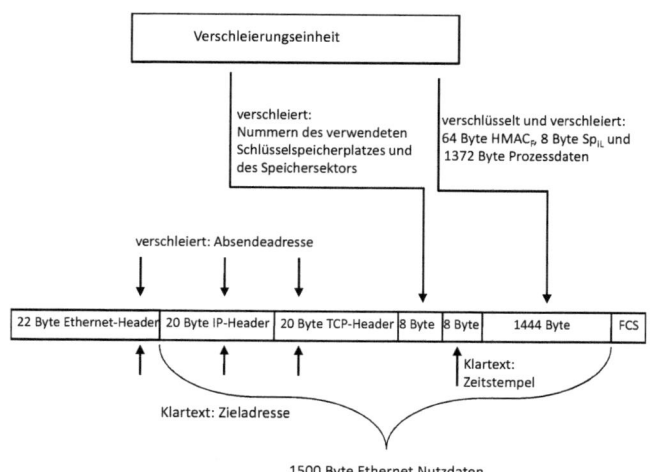

Abbildung 7.12: Inhalt des resultierenden Ethernetpaketes P_F

Das Ethernetpaket wird über die Schnittstelle (110) an den Feldbus als Übertragungsmedium übergeben und verschickt. Die zufällig ausgewählte Speicherplatzadresse des Schlüssels und die Nummer des verwendeten Sektors werden mit dem Paket der Nutzdaten verschleiert übertragen. Eine Weiche an der Verschleierungseinheit sorgt dafür, dass vor der Speicherplatzadresse und der Sektornummer die verschlüsselten Prozessdaten vollständig in das Eingangsregister der Verschleierungseinheit eingelesen werden. Die zufällige Auswahl des Speicherplatzes dient ebenso wie die Verschleierung der Daten der kryptographischen Konfusion und Diffusion. Zur Umsetzung des Konzepts der Einmalverschlüsselung muss durch geeignete Mechanismen sichergestellt sein, dass jeder Schlüssel vom jeweiligen Kryptomodul nur einmal zur Verschlüsselung verwendet wird. Zum Beispiel kann durch Setzen eines Merkers angezeigt werden, dass die jeweilige Adresse bereits für die Verschleierung verwendet wurde und somit nicht mehr zur Verfügung steht. Der Schlüssel kann aber nach seiner Verwendung auch einfach gelöscht werden. Nach einem definierten Zeitintervall gibt der Leitknoten einen Umschaltbefehl, durch den die Zustände der Sektoren gewechselt werden (vgl. Abbildungen 7.13 und 7.14).

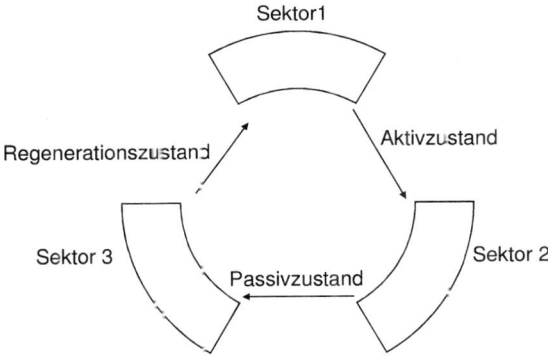

Abbildung 7.13: Funktionsweitergabe 1

Der bisher im Passivzustand P stehende Sektor 2 geht in den Aktivzustand A (302), der regenerierte Sektor 3 geht in den Passivzustand P als neuer, passiv bereiter Sektor (303) über und der zuletzt im Aktivzustand A befindliche Sektor 1 wird im Regenerationszustand R mit neuen Schlüsseln geladen (301). Nach erneutem Ablauf des definierten Zeitintervalls gibt der Leitknoten wieder den Umschaltbefehl zum Zustandswechsel (vgl. Abbildungen 7.15 und 7.16).

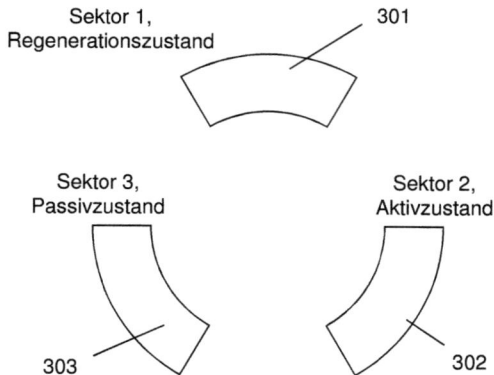

Abbildung 7.14: Betriebsphase mit neuen Funktionen 1

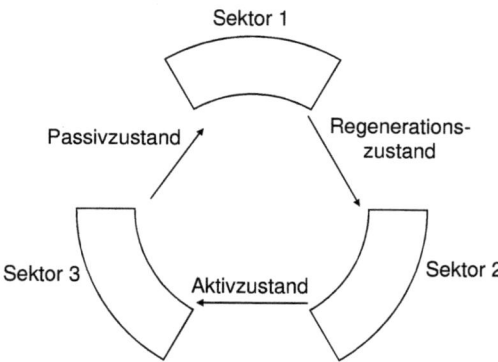

Abbildung 7.15: Funktionsweitergabe 2

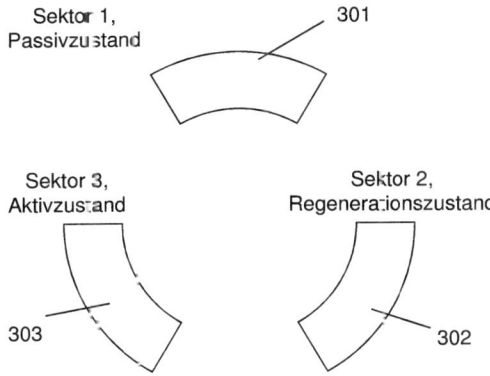

Abbildung 7.16: Betriebsphase mit neuen Funktionen 2

Der bisher im Passivzustand P befindliche Sektor 3 geht in den Aktivzustand A (303) und der bisher im Regenerationszustand R befindliche Sektor 1 in den Passivzustand P (301) über, während der bisher im Aktivzustand A befindliche Sektor 2 in den Regenerationszustand R wechselt und die Schlüssel erneuert (302). In definierten Zeitintervallen werden die Zustandswechsel kontinuierlich wiederholt. Damit auch Daten entschlüsselt werden können, die zeitlich vor einem Umschaltbefehl versendet wurden, aber durch die Signallaufzeiten erst nach dem Umschaltbefehl beim Empfänger ankommen, beginnt die Regeneration des jeweiligen Sektors um eine der maximal im Netz möglichen Signallaufzeit entsprechenden Zeitspanne später, um die Schlüssel nicht sofort zu verlieren. Dazu wird die Regeneration vom Mikroprozessor gesteuert.

Der vom Zufallsgenerator des Kryptomoduls lokal nach jedem Paket neu generierte Verschleierungszeiger M_t wird nicht in das zu übertragende Paket der Nutzdaten integriert, sondern in einer separaten Nachricht über den Lichtwellenleiter an den Empfänger verschickt. Dazu schreibt die Verschleierungseinheit bzw. der Prozessor des Kryptomoduls die notwendigen Daten in ein zweites Ethernetpaket, welches über den Lichtwellenleiter übertragen wird (vgl. Abbildungen 7.17, 7.18 und 7.19). Die resultierenden Pakete in den Abbildungen 7.11 und 7.19 bzw. 7.12 und 7.20 entsprechen den gleichzeitig verschickten und zueinander gehörenden Partnerpaketen auf den beiden unterschiedlichen Übertragungswegen aus Kapitel 7.1.2.

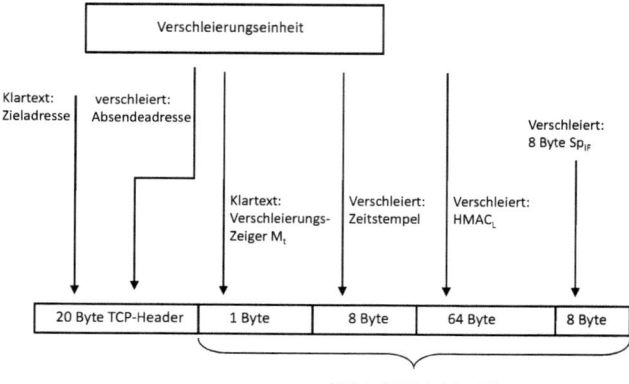

Abbildung 7.17: Bildung des TCP-Paketes

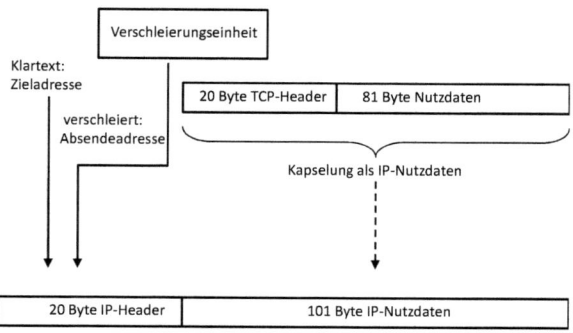

Abbildung 7.18: Kapselung in das IP-Paket

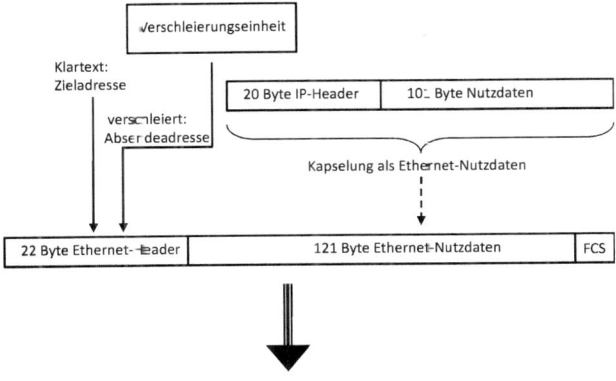

Abbildung 7.19: Kapselung in das Ethernetpaket

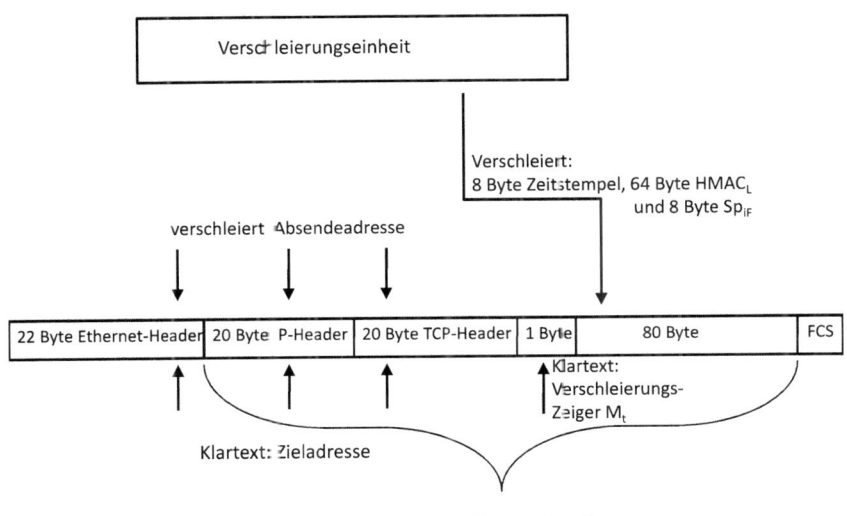

Abbildung 7.20: Inhalt des resultierenden Ethernetpaketes P_L

7.2.2 Pseudocode

program Entnahme und Verteilung der echten Zufallsbits
/* Datendeklaration */
    var n: integer /* eine Zählvariable */
    var R: integer /* die jeweils ersten 8 Bit des FIFO-Zufallsbitgenerators */
begin;
read R {aus dem FIFO-Schieberegister des Zufallsbitgenerators};
/* Schleife „Versand" */
n := 0;
while n < 8 do
    n := n+1;
    {sende Bit n über den Ausgang QKD an die Kryptomodule};
end – while;
end program

program Empfang von 8 echten Zufallsbits über Kabel
/* Datendeklaration */
    var n: integer /* eine Zählvariable */
    var QKD_E: integer /* der Eingangswert (ein Bit) der QKD */
    var V_E: string /* Eingangsschieberegister des Algorithmenspeichers */ begin;
n := 0;
/* Schleife „Zufallsbit lesen und schreiben" */
while n < 8 do
    n := n+1;
    read QKD_E;
    {Speichere QKD_E in ein Schieberegister an Position n};
end – while;
{schiebe das Byte nach V_E};
end program

program Organisation des Speichers
/* Datendeklaration */
    var A: integer /* Anzahl aller Netzknoten */
    var SG: real /* Speichergröße in den Netzknoten */
    var n: integer /* eine Zählvariable */
    var B_0 bis B_A: integer /* Speicherbereiche */
    var S_1, S_2 und S_3: integer /* Speichersektoren */
begin;
read A;
read SG;
for n := 0 to A do
    {Teile die Speichergröße SG in A gleich große Bereiche B_0 bis B_A};
end – for;
{Teile jeden Bereich B_0 bis B_A in 3 gleich große Sektoren S_1, S_2 und S_3};
end program

program Speicherplatzabfrage durch den Leitknoten
/* Datendeklaration */
    var A_Z: string /* das Ausgangsschieberegister des Zufallsgenerators */
    var $Schluessel_{SP}$: string /* die Adresse des Schlüsselspeicherplatzes */
    var $L_{SPSchluessel}$: integer /* Länge einer Speicherplatzadresse */
    var $SSektor_{SP}$: string /* die Sektorenbezeichnung */
    var $L_{SPSektor}$: integer /* Länge einer Sektorenbezeichnung */
    var K: string /* Inhalt des Schlüsselspeichers */
    var A: integer /* Anzahl aller Netzknoten */
begin;
/* Zufallsauswahl der Sektorenbezeichnung */
read A_Z;
$L_{SPSektor}$:= {Länge der Adresse eines Sektors};
$SSektor_{SP}$:= {$L_{SPSektor}$-Bit von A_Z};
/* Zufallsauswahl des Schlüsselspeicherplatzes */
read A_Z;
$L_{SPSchluessel}$:= {Länge der Adresse eines Schlüsselspeicherplatzes};
$Schluessel_{SP}$:= {$L_{SPSchluessel}$-Bit von A_Z};
send {Abfragebefehl für $Schluesse_{SP}$ in $SSektor_{SP}$ an Kryptomodule};
/* Vergleich der Speicherinformationen */
K := {Inhalt von $Schluessel_{SP}$};
repeat;
    if {empfangene Speicherinformation = K} then OK
        else {Warnmeldung};
    end – if;
    n := n+1;
until n := A;
end program

program Zentrale Speicherwechselanweisung durch den Leitknoten
/* Datendeklaration */
    var S_n: integer /* Sektorbezeichnung */
    var t: real /* Systemzeit */
    var n: integer /* Zählvariable */
begin;
n := 1;
/* Schleife „Speicherwechsel" */
repeat
    {Verwende Sektor S_n};
    read t;
    if {10 Sekunden vergangen} then
        {Speicherwechselbefehl mit Zeitstempel};
    wait for {Rückmeldung der Umschaltung von den Kryptomodulen mit Zeitstempel};
    end – if;
    n := n+1; until n := 4; end program

7.3 Funknetze

Über Funk angebundene Knoten erhalten zur Kommunikation, wie oben beschrieben, ein Kryptomodul. Diese werden – ebenso wie das Kryptomodul des Leitknotens – um ein Funkmodul ergänzt. Das Verfahren der sicheren Kommunikation bei kabelgebundenen Automatisierungsnetzen aus 7.1 wird für die speziellen Anforderungen eines Funknetzes geringfügig modifiziert.

Die Kryptomodule des Funknetzes wickeln die gesamte Kommunikation im Funknetz ab und senden und empfangen auf drei überlappungsfreien Funkkanälen K_1, K_2 und K_3 (vgl. Abbildung 7.21). Auf dem Kommunikationskanal K_1 werden die verschlüsselten Prozessdaten übertragen, der Übermittlungskanal K_2 dient der Übertragung kryptographischer Daten und über den Verteilkanal K_3 werden neue Zufallszahlen zur Schlüsselerzeugung verteilt und die zeitliche Synchronisierung vorgenommen.

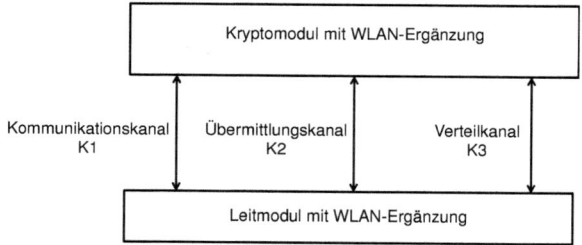

Abbildung 7.21: Dreikanaliges Funkverfahren

Die Inbetriebnahme und Initialisierung der Funkmodule wird durchgeführt. Danach beginnt auf dem Verteilkanal K_3 eine kontinuierliche Synchronisierung der Systemzeit aller Teilnehmer.

Die zentral erzeugten Zufallsbits zur Generierung der im Betrieb für Verschlüsselung und Prüfung verwendeten Einmalschlüssel werden an die Funkmodule wie folgt in zwei Paketen verteilt. Das Leitmodul sendet in Paket P_{VZ1} über den Verteilkanal K_3 verschlüsselt und verschleiert echte Zufallszahlen und den $HMAC_{VZ1}$-Wert mit der Identspeicherplatzangabe zur Berechnung des $HMAC_{UZ1}$, verschleiert die Absendeadresse sowie im Klartext den Zeitstempel mit Zieladresse. Auf dem Übermittlungskanal K_2 werden als Paket P_{UZ1} im Klartext die Zieladresse mit Verschleierungszeiger, verschleiert die Absendeadresse, der Zeitstempel, der $HMAC_{UZ1}$-Wert mit der Identspeicherplatzangabe zur Berechnung des $HMAC_{VZ1}$ sowie Informationen der zur Verschlüsselung verwendeten Speicherplätze in Paket P_{VZ1} an die Funkmodule versendet (vgl. Abbildung 7.22).

Die empfangenden Funkmodule entschleiern die Pakete, identifizieren zueinander gehörende Partnerpakete über den Zeitstempel, entschlüsseln die echten Zufallszahlen und verwenden sie zur Erzeugung der Schlüssel in den Speichern 1, 2 und 3.

Gleichzeitig senden sie in einem Paket P_{VZ2} verschlüsselt und verschleiert die erhaltenen Zufallszahlen, eine einmal erstellte Zufallszahl als sichere Kennzeichnung des Paketes und den $HMAC_{VZ2}$-Wert mit der Identspeicherplatzangabe zur Berechnung des $HMAC_{UZ2}$ zur Bestätigung über den Verteilkanal K_3 an das Leitmodul zurück. In diesem Paket sind auch verschleiert die Absendeadresse sowie im Klartext die Zieladresse und der Zeitstempel enthalten.

Über den Übermittlungskanal K_2 werden in einem dazu gehörenden Partnerpaket P_{UZ2} im Klartext die Zieladresse und der Verschleierungszeiger sowie verschleiert die Absendeadresse, der Zeitstempel, die einmal erstellte Zufallszahl aus P_{VZ2}, der $HMAC_{UZ2}$-Wert mit der Identspeicherplatzangabe zur Berechnung des $HMAC_{VZ2}$ und die Speicherplatzinformationen der verwendeten Schlüsselspeicherplätze an das Leitmodul verschickt (vgl. Abbildung 7.23).

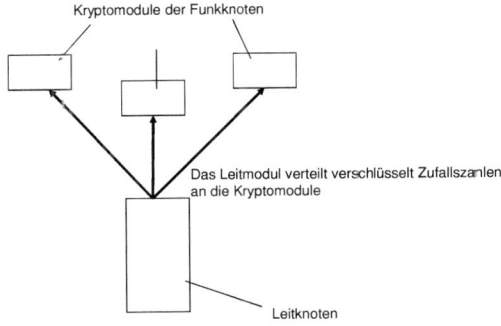

Abbildung 7.22: Verteilung der Zufallszahlen vom Leitmodul

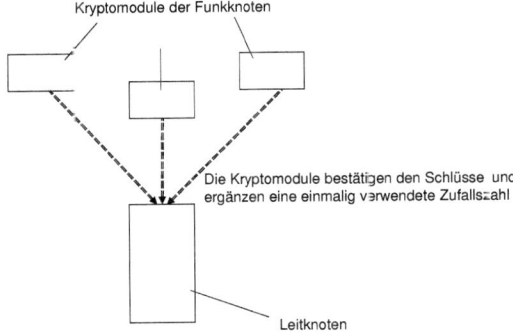

Abbildung 7.23: Schlüsselbestätigung durch Netzknoten

Das Leitmodul entschlüsselt diese zurückerhaltenen Informationen und vergleicht die gewonnenen Zufallszahlen mit den anfangs gesendeten Zufallszahlen sowie die Absendeadressen (vgl. Abbildung 7.24). Sind die Informationen gleich, betrachtet das Leitmodul sie als korrekt verteilt und bestätigt sie. Sind die Informationen ungleich, sendet das Leitmodul ein kurzes Signal, um die letzten versendeten Zufallszahlen zu verwerfen und einen neuen Versand anzustoßen. In diesem Fall wird angenommen, dass ein Angriff stattgefunden hat.

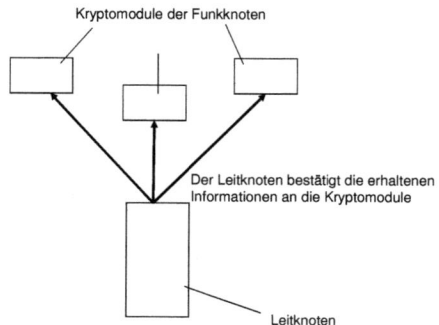

Abbildung 7.24: Schlüsselbestätigung durch das Leitmodul

Alle anderen Kommunikationsdaten werden, wie in Kapitel 7.1 beschrieben, verschlüsselt und verschleiert und in zwei weiteren Partnerpaketen über das Funkmodul versendet. Der Übertragungsweg *Feldbus* wird im Funknetz durch Kanal K_1 und der Übertragungsweg *Lichtwellenleiter* durch Kanal K_2 ersetzt. Auf Kanal K_1 wird also ein Paket P_{K1} übertragen, das im Klartext die Zieladresse und den Zeitstempel, verschleiert die Absendeadresse sowie verschlüsselt und verschleiert die Nutzdaten, den $HMAC_{K1}$-Wert und die Identspeicherplatzangabe zur Berechnung des $HMAC_{K2}$ enthält. Auf Kanal K_2 wird das zweite Paket P_{K2} übertragen, das im Klartext den Verschleierungszeiger M_t und die Zieladresse sowie verschleiert den Zeitstempel, den $HMAC_{K2}$-Wert mit der Identspeicherplatzangabe zur Berechnung des $HMAC_{K1}$, die Speicherplatzinformationen der verwendeten Schlüsselspeicherplätze des P_{K1} und die Absendeadresse enthält. Die Verbindungsglieder und eindeutigen Zuordnungsmerkmale der Partnerpakete sind also, äquivalent zum kabelgebundenen System, die Zieladresse und der Zeitstempel.

Die beiden Pakete werden entsprechend vom Empfänger entschleiert und entschlüsselt. Der erhaltene Klartext wird dann zur Weiterverarbeitung an das automatisierungstechnische Gerät gegeben.

Zu Authentifizierungszwecken bestimmt der Leitknoten auch im Funknetz in unbestimmten Abständen immer zwei Funkknoten als Prüfinstanzen für einen dritten Funkknoten (vgl. Kapitel 7.1). Durch verschlüsselte und verschleierte Abfrage von Prüfschlüsselplätzen des Identspeichers und Vergleich mit den Inhalten der entsprechenden eigenen Prüfschlüsselplätze im Identspeicher prüfen Erstere die Legitimation des Letzteren zur Teilnahme an der Kommunikation, die sie dann erteilen oder verweigern. Das Abfrageergebnis wird in jedem Fall dem Leitknoten mitgeteilt, der über die Legitimationen ein Logbuch führt und gegebenenfalls Kryptomodule von der Kommunikation ausschließt (vgl. Abbildungen 7.3 und 7.4).

7.3.1 Pseudocode

program Systemzeit – Synchronisierung Funk
/* Datendeklaration */
   var t: real /* die Systemzeit */
begin;
t := {Systemzeit des Leitmoduls};
read t;
send t through Kanal K_3;
end program

program Entnahme und Verteilung der echten Zufallsbits durch den Leitknoten
begin;
/* Datendeklaration */
   var ZZ: string /* die zu übertragenden Zufallszahlen */
   var R_{UZ}: string /* Schieberegister für das Paket auf Kanal 2 */
   var R_{VZ}: string /* Schieberegister für das Paket auf Kanal 3 */
   var V_E: string /* das Eingangsschieberegister des Algorithmenspeichers */
   var j: integer /* eine Variable der zweidimensionalen Matrix */
   var n: integer /* eine Variable der zweidimensionalen Matrix */
   var x: real /* der variable Eingangswert */
   var f: real /* ein Funktionswert */
   var K: real /* der erzeugte Schlüssel */
   var a: integer /* ein Wert aus dem Intervall [0,1] */
   var z: integer /* dieser Wert bestimmt die Anzahl der Iterationen */
   var $HMAC_{VZ}$: string /* HMAC-Wert des Paketes P_{VZ} */
   var $HMAC_{UZ}$: string /* HMAC-Wert des Paketes P_{UZ} */
   var C_{ZZ}: string /* verschlüsselte Zufallszahlen */
   var Sp_{iVZ}: integer /* der Identspeicherplatz für den $HMAC_{VZ}$ */
   var y: integer /* eine Zählvariable */
   var Sp_{iUZ}: integer /* der Speicherplatz des Identspeichers für den $HMAC_{UZ}$ */
begin;
ZZ := V_E;
/* blockweise Verschlüsselung */
read V_E;
j := {ein zufällig bestimmter Wert im Intervall [0,L]};
n := {ein zufällig bestimmter Wert im Intervall [0,L]};
a := {ein zufällig bestimmter Wert im Intervall [0,1]};
z := {ein zufällig bestimmter Wert von 512 Bit Länge};
y := 0;
x := V_E;
Sp_{iVZ} := eine zufällig bestimmte Identspeicheradresse;
Sp_{iUZ} := eine zufällig bestimmte Identspeicheradresse;
/* Schleife „Schlüsselerzeugung und Verschlüsselung" */
repeat
   while $x_1^0 \neq x_n^j$ or {no „Wechsel_Startwert"} or y=z do
      compute $x_{n+1}^j = (1 - 0{,}95)f(x_n^j, a_j) + 0{,}95 f(x_n^{j-1}, a_{j-1})$; [47]

compute $f(x_n^j, a_j) = (3, 9 + 0, 1a_j)x_n^j(1 - x_n^j)$; [47]
compute $K_n^j = int[x_n^j \times 2^{52}] \mod 2^{32}$; [47]
compute $HMAC_{VZ}$ {mit dem Inhalt aus Sp_{iVZ}};
{ergänze ZZ um $HMAC_{VZ}$ und Sp_{iUZ}};
compute $C_{ZZ} = ZZ \oplus K$;
write C_{ZZ} {vom niederwertigsten zum höchstwertigen Bit in das Schieberegister R_{VZ}};
/* Der Inhalt von R_{VZ} besteht aus ZZ, $HMAC_{VZ}$ und Sp_{iUZ} */
write R_{VZ} {an Verschleierungseinheit};
end program

program Verschleierung Paket P_{VZ} durch die Verschleierungseinheit über Kanal 3
/* Datendeklaration */
    var n: integer /* eine Zählvariable */
    var S: string /* die Absendeadresse */
    var E: string /* die Zieladresse */
    var Sp_i: string /* die Adresse des Schlüsselspeicherplatzes des Identspeichers */
    var R_{ZZ}: string /* Schieberegister für das Paket „Feldbus" */
    var SR_A: string /* ein 24Bit-großes Eingangsschieberegister */
    var SR, SR_n, SR_{1-4}: string /* passende Schieberegister */
    var M_t: integer /* die ersten 5 Bit des FIFO-Registers des Zufallsbitgenerators */
    var A_{FWSP}: string /* der Inhalt des Festwertspeichers */
    var R_A: string /* ein Register zur Aufnahme der verschlüsselten Nutzdaten */
    var R_{Sende}: string /* das Register mit der verschleierten Absendeadresse */
    var t: real /* der Zeitstempel */
begin;
read R_{ZZ}, S;
/* Schleife „Bestimmung M_t" */
repeat
    $M_t := $ {die ersten 5 Bit des FIFO-Registers des Zufallsbitgenerators};
until $M_t <= 20$;
/* Schleife „Verschleierung R_{ZZ}" */
repeat
    $SR_A := \{M_t$-Bit des Schieberegisters $R_{ZZ}\}$;
    $A_{FWSP} := SR_A + (24-M_t)$-Bit {des FIFO-Registers des Zufallsbitgenerators};
    $SR_1 := $ {die ersten 6 niederwertigsten Bits von A_{FWSP}};
    $SR_2 := $ {die zweiten 6 niederwertigsten Bits von A_{FWSP}};
    $SR_3 := $ {die dritten 6 niederwertigsten Bits von A_{FWSP}};
    $SR_4 := $ {die vierten 6 niederwertigsten Bits von A_{FWSP}};
/* Schleife „ASCII" */
    for n := 1 to 4 do
        $SR_n := SR_n + 32$ {und ergänze ein Paritätsbit};
        write SR_n {in ein Register R_A};
    end – for;
until {R_A voll}; /* mehr ASCII-Zeichen als mögliche Nutzdaten */
/* Schleife „Verschleierung Absendeadresse" */
$SR_A := 0$;
repeat

```
    SR_A := {die ersten M_t-Bit von S};
    A_FWSP := SR_A + (24-M_t)-Bit {des FIFO-Registers des Zufallsbitgenerators};
    SR_1 := {die ersten 6 niederwertigsten Bits von A_FWSP};
    SR_2 := {die zweiten 6 niederwertigsten Bits von A_FWSP};
    SR_3 := {die dritten 6 niederwertigsten Bits von A_FWSP};
    SR_4 := {die vierten 6 niederwertigsten Bits von A_FWSP};
/* Schleife „ASCII Absendeadresse" */
    for n := 1 to 4 do
        SR_n := SR_n + 32 {und ergänze ein Paritätsbit};
        write SR_n {in ein Register R_Sende};
    end – for;
until {Absendeadresse vollständig verschleiert};
write R_Sende, R_A, t {in Paket P_VZ über K 3 an E};
end program


program Verschleierung und Versand der Hilfsdaten in Paket P_UZ über Kanal 2
/* Datendeklaration */
    var n: integer /* eine Zählvariable */
    var Sp_iVZ: string /* die Identspeicheradresse des HMAC_VZ */
    var HMAC_UZ: string /* HMAC-Wert des Paketes P_UZ */
    var Sp_HMACUZ: integer /* Identspeicherplatz für den HMAC_UZ */
    var SR_A: string /* ein 24Bit-großes Eingangsschieberegister */
    var SR, SR_n: string /* passende Schieberegister */
    var t: real /* der Zeitstempel */
    var A_FWSP: string /* der Inhalt des Festwertspeichers */
    var R_A: string /* Register für die verschlüsselten Nutzdaten */
    var R_Sende: string /* das Register mit der verschleierten Absendeadresse */
    var M_t: integer /* die ersten 5 Bit des FIFO-Registers des Zufallsbitgenerators */
    var R_DV: string /* ein Schieberegister zum Datenversand */
    var E: string /* die Zieladresse */
    var S: string /* die Absendeadresse */
    var K: real /* der erzeugte Einmalschlüssel aus Paket P_VZ */
    var R_CUZ: string /* Schieberegister für das Paket P_UZ über Kanal 2 */
begin;
compute HMAC_UZ
write HMAC_UZ {in das Schieberegister R_UZ};
write Sp_iVZ {in das Schieberegister R_UZ};
write t {in das Schieberegister R_UZ};
write K {in das Schieberegister R_UZ};
/* Schleife „Verschleierung Hilfsdaten" */
SR_A := 0;
repeat
    SR_A := {die ersten M_t-Bit von R_UZ};
    A_FWSP := SR_A + (24-M_t)-Bit {des FIFO-Registers des Zufallsbitgenerators};
    SR_1 := {die ersten 6 niederwertigsten Bits von A_FWSP};
    SR_2 := {die zweiten 6 niederwertigsten Bits von A_FWSP};
    SR_3 := {die dritten 6 niederwertigsten Bits von A_FWSP};
```

$SR_4 := \{$die vierten 6 niederwertigsten Bits von $A_{FWSP}\}$;
/* Schleife „ASCII Hilfsdaten" */
    for n := 1 to 4 do
        $SR_n := SR_n + 32$ {und ergänze ein Paritätsbit};
        write SR_n {in ein Register R_{DV}};
    end – for;
until $\{R_{UZ}$ vollständig verschleiert$\}$;
write R_{Sende}, R_{DV}, M_t {in Paket P_{UZ} über K 2 an E};
end program

7.4 Sichere Kommunikation in der Rechnerwolke

Die auch Cloud genannte Rechnerwolke bezeichnet eine Architektur, die für einen Anwender Dienstleistungen wie Rechenkapazitäten, Speicherplatz oder bekannte Programme für die Büroanwendung zentral zur Verfügung stellt. Der Anwender selbst hat lokal als Ein- und Ausgabegeräte nur noch Tastatur, Maus und Bildschirm, mit denen er auf der Bedienoberfläche agiert. Die Hardware einer Rechnerwolke kann lokal platziert sein, wird aber in aller Regel an einem Standort eines fremden Anbieters stehen und ist über das Internet mit dem Anwender verbunden [6, 67].

In [6, 10, 67] sind Sicherheitsrisiken beschrieben, insbesondere der Kontrollverlust über die gespeicherten Daten und die damit verbundene Möglichkeit des unbemerkten Datendiebstahls sowie der möglicherweise unsichere Datentransport zwischen dem Standort des Anwenders und dem Speicherort der Daten. Auf der Übertragungsstrecke kann ein Angreifer einen Janusangriff ausführen und so nicht nur den gesamten Datenverkehr abhören, sondern auch selbst als unautorisierter Teilnehmer im Netz agieren. Auch werden Methoden und Schritte aufgezeigt, die bei der Implementierung einer Rechnerwolke hilfreich sind. Konkrete technische Angaben zur Verringerung der Risiken werden nicht gemacht.

Sichere Kommunikation der sensiblen Unternehmensdaten und Authentisierung der Knoten können für Rechnerwolken mit dem in dieser Arbeit gezeigten Vorschlag wie folgt gewährleistet werden.

Bei Installation der Hardware-Umgebung werden die Einzelplätze auf der Anwenderseite mit Kryptomodulen ausgestattet und diese an das Leitmodul angeschlossen. Das Leitmodul wiederum ist entweder über das Internet oder über ein Intranet mit der Rechnerwolke verbunden. Auf der Seite des Anbieters bzw. der Rechnerwolke wird ebenfalls ein Leitmodul installiert, das direkt mit dem Leitmodul der Anwenderseite kommuniziert. Die beiden Leitmodule müssen vor der Installation zusammengebracht werden und Schlüssel austauschen, um auf einem gemeinsamen, gleichen Stand bezüglich der Einmalschlüssel zu sein.

Die Kryptomodule auf der Anwenderseite werden einzeln nacheinander zur Initialisierung in den Steckplatz am Leitmodul gesteckt und mit den ersten Schlüsseln befüllt. Über sie wird die gesamte Kommunikation mit Ethernet-Paketen in drei Kategorien W_1, W_2 und W_3 abgewickelt. Die Einteilung in Kategorien hat keine technische Relevanz, sondern dient nur der logischen Zuordnung und dem besseren Verständnis. In Paketen des Typs W_1 werden die verschlüsselten Nutzerdaten übertragen. Pakete des Typs W_2 dienen der zeitlichen Synchronisierung sowie zur Übermittlung kryptographischer Daten. Pakete der Kategorie W_3 tragen neue Zufallszahlen zur Schlüsselerzeugung in sich. Zum Abgleich der Systemzeit aller Teilnehmer werden nach der Initialisierung kontinuierlich Pakete der Kategorie W_2 vom Leitmodul des Anwenders zur Erzeugung synchroner Zeitstempel versendet.

Die zentral erzeugten Zufallsbits, die zur Generierung der für Verschlüsselung und Prüfung verwendeten Einmalschlüssel notwendig sind, werden an die einzelnen Kryptomodule wie folgt in zwei Paketen verteilt. Das Leitmodul sendet in einem Paket W_{3a} verschlüsselt und verschleiert echte Zufallszahlen, verschleiert die Absendeadresse und den $HMAC_{3a}$-Wert mit der Identspeicherplatzangabe zur Berechnung des $HMAC_{2a}$ sowie im Klartext den Zeitstempel mit Zieladresse. Im zweiten Paket W_{2a} werden im Klartext die Zieladresse mit Verschleierungszeiger sowie verschleiert die Absendeadresse, der $HMAC_{2a}$-Wert mit der Identspeicherplatzangabe zur Berechnung des $HMAC_{3a}$, der Zeitstempel und Informationen der zur Verschlüsselung verwendeten Speicherplätze der Daten beider Partnerpakete an die Kryptomodule versendet.

Die empfangenden Kryptomodule entschleiern die Pakete, identifizieren zueinander gehörende Partnerpakete über die Zeitstempel, entschlüsseln die echten Zufallsbits und verwenden sie zur Erzeugung der Schlüssel in den Speichern 1, 2 und 3.

Gleichzeitig senden die Kryptomodule in einem Paket W_{3b} verschlüsselt und verschleiert die erhaltenen Zufallsbits und die HMAC-Informationen zur Bestätigung an das Leitmodul zurück. In diesem Paket sind auch verschleiert der Zeitstempel und die Absendeadresse sowie im Klartext die Zieladresse und der Verschleierungszeiger enthalten. In einem dazu gehörenden Partnerpaket W_{2b} werden im Klartext die Zieladresse und der Zeitstempel sowie verschleiert die Absendeadresse, die HMAC-Informationen und die Speicherplatzinformationen der verwendeten Schlüsselspeicherplätze an das Leitmodul verschickt.

Das Leitmodul entschlüsselt diese zurückerhaltenen Informationen und vergleicht die erhaltenen Zufallszahlen mit den anfangs gesendeten Zufallszahlen. Sind die Werte gleich, betrachtet das Leitmodul die Informationen als korrekt verteilt. Sind die Werte ungleich, sendet das Leitmodul ein kurzes Signal, um die zuletzt versendeten Zufallszahlen zu verwerfen und einen neuen Versand anzustoßen. In diesem Fall wird angenommen, dass ein Angriff stattgefunden hat.

Alle anderen Kommunikationsdaten werden verschlüsselt und verschleiert und in zwei weiteren Partnerpaketen vom Kryptomodul versendet. Die Verbindungsglieder und eindeutigen Zuordnungsmerkmale der Partnerpakete sind also Zieladresse und Zeitstempel. Die Verschleierung des Zeitstempels verhindert die offensichtliche Verbindung zueinander gehörender Partnerpakete. Potentielle Angreifer und Abhörer können also aus der Adressenzuordnung nur den Zielort identifizieren, aber es kann wiederum nicht festgestellt werden, welche Partnerpakete miteinander verbunden sind. Die beiden Pakete werden entsprechend vom Empfänger entschleiert und entschlüsselt. Der erhaltene Klartext wird dann auf dem lokalen Gerät des Anwenders verarbeitet.

Für die Authentisierung der Teilnehmer werden die Inhalte der Identspeicher verglichen und ausgewertet. Wie in Kapitel 7.1.3 beschrieben, fragen immer zwei Kryptomodule den Inhalt eines Speicherplatzes des Identspeichers eines anderen dritten Kryptomoduls ab und vergleichen diesen mit dem Inhalt des gleichen Speicherplatzes des eigenen Identspeichers. Sind die Inhalte ungleich, erfolgt eine Warnmeldung an einen Bediener. Die beiden Leitmodule prüfen sich gegenseitig kontinuierlich auf die gleiche Weise. So werden Manipulationen des Leitmoduls auf der Anbieterseite ausgeschlossen.

7.5 Intelligente Stromnetze

Die Energieversorgung in Deutschland und Europa wird über einen elektrischen Netzverbund erreicht. Alle Stromproduzenten und -verbraucher sollen ebenso wie die Übertragungs- und Speicherinfrastruktur intelligent miteinander verknüpft sein, damit die Energieerzeugung optimal auf den aktuellen Energiebedarf abgestimmt werden kann [4, 69]. Die Anbindung der vielen kleinen Verbraucher und Produzenten in den Ortsnetzen stellt allerdings ein Problem dar. Auch werden mit dem Umstieg auf erneuerbare Energien Energiequellen wie Windräder und Solarzellen direkt in das örtliche Niederspannungsnetz eingespeist. Heute können Netzbetreiber und Energieversorger aber nur im Hoch- und Mittelspannungsnetz die Deckung des Energiebedarfs automatisch steuern und regeln. Der tatsächlich notwendige Bedarf im Niederspannungsnetz kann wegen unbekannter Größen, wie des tatsächlich momentan benötigten Energiebedarf oder der zur Verfügung gestellten Energie, nicht mehr eindeutig bestimmt werden. Dadurch erschwert sich die Lastverteilung und Energie wird nicht in der richtigen Menge zur Verfügung gestellt. In intelligenten Stromnetzen, auch Smart Grids genannt, sollen über den Einsatz einer Schnittstelle zwischen Netz und Verbrauchern, den so genannten Smart Metern, die benötigten Daten bereitgestellt werden. Um die sichere Kommunikation dieser notwendigen Daten zu gewährleisten, baut die Telekom momentan in Deutschland eine eigene und vom Internet losgelöste Netzinfrastruktur auf [69]. Dieser Aufwand ist mit sehr hohen Kosten für die Neuverlegung verbunden.

In [14] wird das Problem der Eichung von verbraucherseitigen Messgeräten angesprochen. Diese Messeinrichtungen müssen nach dem Energiewirtschaftsgesetz dem Verbraucher neben dem jeweiligen Energieverbrauch auch die Nutzungszeit anzeigen. Um Fehlmessungen zu vermeiden, muss eine zuverlässige Eichung dieser Messgeräte erreicht werden. Die Kosten für die Wartung oder Nacheichung solcher Geräte bzw. die Kosten durch Fehlmessungen sind sehr hoch. Durch eine automatisierte Ferneichung könnten diese Kosten gering gehalten werden.

Der Aufbau eines sicheren Kommunikationsnetzes zur Verteilung der Verbrauchsdaten und die Durchführung von Ferneichungen sowie die sichere Authentifizierung von neuen Messeinrichtungen können für intelligente Stromnetze mit dem in dieser Arbeit gezeigten Vorschlag wie folgt umgesetzt werden.

Die intelligenten Stromzähler auf der Verbraucherseite werden mit Kryptomodulen ausgestattet. Auch die in die Niederspannungsnetze einspeisenden Energieerzeuger erhalten ein Kryptomodul. Das Leitmodul ist an der Leitwarte des Stromerzeugers bzw. des Netzbetreibers installiert und kommuniziert einerseits mit den verbraucherseitig verteilten Kryptomodulen und andererseits mit den Anlagen des Stromerzeugers. Durch diese Struktur wird erreicht, dass die Verbräuche bzw. der momentane Energiebedarf genauso wie die momentane Energieerzeugung in allen Netzen bekannt sind. In alle Kryptomodule müssen werksseitig vor der Auslieferung immer die gleichen, für die Verschleierung notwendigen Daten implementiert werden.

Die Kryptomodule übernehmen die gesamte Kommunikation im Netz. Dazu verteilen Sie die notwendigen Informationen auf drei unterschiedliche Ethernet-Pakete SG_1, SG_2 und SG_3. Diese Einteilung hat auch hier keine technische Relevanz, sondern dient wieder allein der logischen Zuordnung und dem besseren Verständnis. Zum Abgleich der Systemzeit aller Teilnehmer werden nach der Initialisierung kontinuierlich Pakete SG_2 vom Leitmodul des Anwenders zur Erzeugung synchroner Zeitstempel versendet. Die notwendigen Einmalschlüssel werden in jedem einzelnen Kryptomodul individuell mit Hilfe lokal erzeugter Zufallsbits generiert und bereitgestellt. Anschließend werden diese Schlüssel verschleiert in einem Paket SG_3 gemeinsam mit dem offenen Verschleierungszeiger übertragen.

Konkret werden

- in Paketen SG_1 verschlüsselt und verschleiert die Prozessdaten mit $HMAC_{SG1}$-Wert und der Identspeicherplatzangabe zur Berechnung des $HMAC_{SG3}$, verschleiert die Absendeadresse und im Klartext die Zieladresse und der Zeitstempel übertragen,

- in Paketen SG_2 die zeitliche Synchronisierung zum Abgleich der Systemzeit und zur Generierung von Zeitstempeln und

- in Paketen SG_3 verschleiert die Schlüssel, die Absendeadresse, der Zeitstempel und der $HMAC_{SG3}$-Wert mit der Identspeicherplatzangabe zur Berechnung des $HMAC_{SG1}$ sowie im Klartext der Verschleierungszeiger und die Zieladresse übertragen.

Die Verbindungsglieder und eindeutigen Zuordnungsmerkmale der Partnerpakete sind also Zieladresse und Zeitstempel. Die Verschleierung des Zeitstempels verhindert die offensichtliche Verbindung zueinander gehörender Partnerpakete. Potentielle Angreifer und Abhörer können also aus der Adressenzuordnung nur den Zielort identifizieren, aber es kann nicht festgestellt werden, welche Partnerpakete miteinander verbunden sind. Die beiden Pakete werden entsprechend vom Empfänger entschleiert und entschlüsselt. Der erhaltene Klartext wird dann auf dem lokalen Gerät des Anwenders verarbeitet.

Für die Authentifizierung und Anbindung neuer Messgeräte erhalten die Kryptomodule vom Leitmodul in Paketen SG_1 Schlüssel zur Speicherung im jeweiligen Identspeicher. Dann werden, wie in Kapitel 7.1.3 beschrieben, immer zwei Kryptomodule zur Überprüfung eines dritten Kryptomoduls bestimmt, die den Inhalt eines bestimmten Speicherplatzes des Identspeichers des zu prüfenden Kryptomoduls abfragen und mit dem Inhalt des eigenen Identspeichers vergleichen. Sind die Inhalte gleich, ist das jeweilige Kryptomodul authentifiziert. Sind die Inhalte ungleich, prüft das Leitmodul das betreffende Kryptomodul und meldet einen Alarm an das Bedienpersonal.

7.6 Zusammenfassung

In diesem Kapitel wurden eine neu entwickelte Vorrichtung und ein neu entwickeltes Verfahren vorgestellt, das die Kommunikation in verschiedenen Netzen verschlüsselt durchführt und damit für Angriffe bzw. Kompromittierungsversuche unempfindlich macht. Es erfüllt den Anspruch an perfekte Sicherheit durch Verwendung der Einmalverschlüsselung und genügt den Anforderungen der Grundprinzipien der Sicherheit (vgl. Abbildung 7.6).

Der chaosbasierte Zufallsbitgenerator im Kryptomodul des Leitknotens stellt permanent echte Zufallsbits her, die quantenphysikalisch mittels Lichtwellenleiter fortwährend an die Kryptomodule der Netzteilnehmer verschickt und aus denen dort nach vorinstallierten Algorithmen Einmalschlüssel erzeugt werden. Da auf diese Schlüssel ohne zeitliche Verzögerung kontinuierlich und endlos zugegriffen werden kann, werden hohe Verarbeitungsgeschwindigkeiten ermöglicht. Die Einmalschlüssel werden für die Verschlüsselung von Nachrichten und Prozessdaten benutzt, welche nach einer Verschleierung, die die Sicherheit zusätzlich erhöht, über den Feldbus in einem ersten Paket an den Empfänger übertragen werden. Die beim Empfänger notwendigen Informationen zur Entschleierung und Enschlüsselung werden in einem zweiten Paket über den Lichtwellenleiter gesendet.

Die Prozessdaten können dann mit Hilfe dieser Informationen beim Empfänger aus dem ersten Paket entsprechend zurückgewonnen und verwendet werden.

Ähnlich arbeitet das Verfahren in Funknetzen auf drei überlappungsfreien Kanälen.

Des Weiteren überprüfen jeweils zwei Kryptomodule ein anderes, drittes Kryptomodul darauf, ob dieses zur Kommunikation im Netz berechtigt ist. Angreifern gelingt es also nicht, als unerkannt im Netz agierender Teilnehmer Kenntnis über Prozessdaten zu erhalten bzw. abgefangene Daten zu verstehen. Spionage wird somit verhindert.

Das Verfahren ist für alle Netze anwendbar, da es unabhängig von den bekannten Protokollen arbeitet. Beispiele aus der Rechnerwolke und aus dem intelligenten Stromnetz zeigen die allgemeine Anwendbarkeit. Die praktische Verwendbarkeit ist durch den Einsatz von Standardkomponenten gewährleistet.

Kapitel 8

Ergebnisse

In dieser Arbeit wird die Anfälligkeit von Kommunikationssystemen für Angriffe durch Schadsoftware, Abhörversuche und Sabotage beschrieben. Es besteht ein zunehmendes Potential für kriminelle Übergriffe bevorzugt auf automatisierte Prozesse, um diese auszuspionieren oder außer Betrieb zu setzen. Daraus resultiert die Zielstellung dieser Arbeit, auf das Thema der sicheren Kommunikation in verschiedenen Netzen und Anwendungen aufmerksam zu machen und ein perfekt sicheres Verfahren zu entwickeln, das dauerhaft die genannten Anfälligkeiten in einem einzigen System ausschließt.

Große Vorteile in Bezug auf Sicherheit bieten Systeme, die originär und in sich über ein hohes Maß an Sicherheit verfügen, nur wenige oder keine Parameter zur Veränderung der Voreinstellungen besitzen und somit einfach zu handhaben sind. Kryptographische Methoden genügen grundsätzlich diesen Eigenschaften. Jedoch wurde gezeigt, dass heutige symmetrische oder asymmetrische Kryptographie entweder bereits kompromittiert oder für die Anwendung in der Automatisierungstechnik zu langsam und aufwändig bezüglich Verarbeitungsgeschwindigkeit und Schlüsselmanagement ist.

Nur die Verschlüsselung mittels Einmalschlüsseln ist als Einzige als perfekt sicher bewiesen und ist die Grundlage des in dieser Arbeit vorgestellten neuen Verfahrens. Wichtig ist auch die Erzeugung und die sichere Verteilung echt zufälliger Zahlen bzw. Bits.

8.1 Erzeugung und Übertragung echter Zufallsbits

Durch einen neuentwickelten, chaosbasierten Zufallsbitgenerator werden echte Zufallsbits entweder lokal erzeugt und verarbeitet oder zentral erzeugt und quantenkryptographisch über Lichtwellenleiter an die Knoten des Netzes verteilt. Die Verteilung dieser echten Zufallsbits mittels Quantenkryptographie nach dem Protokoll E91 stellt sicher, dass die übertragenen Bits auf Manipulation oder Abhören geprüft werden können und so die Sicherheit gegen Angriffe gewährleistet ist.

8.2 Erzeugung von Einmalschlüsseln und Verschleierung

Lokal werden, nach in allen Knoten einheitlichen Algorithmen, aus den lokal erzeugten bzw. zentral verteilten Zufallszahlen Pseudozufallsbitströme berechnet, aus denen die Einmalschlüssel in der notwendigen Länge und Menge generiert werden. Damit die fortlaufenden Pseudozufallsbitströme statistisch eine sehr hohe Qualität erreichen, muss automatisch vor Erreichen der Periodizität eine Neuberechnung mit neuen Zufallsstartwerten angestoßen werden. Die Einmalschlüssel können auf Anforderung, aber auch auf Vorrat produziert werden. Damit auch der Empfänger in Besitz des gleichen Schlüssels für die Entschlüsselung gelangt, wird der Schlüssel zur Verhinderung einer Kryptoanalyse in einem zweiten Paket an den Empfänger geschickt.

Um den Transport eines Schlüssels im Netz generell zu vermeiden, wurde in einer Variante der Schlüsselverwaltung gezeigt, wie systemweit alle Netzknoten gleiche Schlüssel bevorraten und verwenden können. Anstelle der echten Schlüssel werden nur Speicherplatzadressen verschickt, die autorisiert im Netz agierenden Knoten die Entschlüsselung ermöglichen. Die Kryptoanalyse möglicher abgefangener Pakete wird demnach nicht zur Entschlüsselung führen. Dazu erzeugt ein Leitknoten zentral Zufallsbits und verteilt diese quantenkryptographisch über einen Lichtwellenleiter an die Netzknoten.

Zur Erhöhung der kryptographischen Konfusion und Diffusion werden die zu übertragenden Daten zusätzlich zur Verschlüsselung durch eine Verschleierungseinheit weiterverarbeitet. Dabei werden die Kommunikationsdaten in zufällig lange Blöcke aufgeteilt und eine zufällige Anzahl Zufallsbits eingefügt. Somit werden die exakten Grenzen der Datenblöcke verwischt. Anschließend werden die entstandenen Bitstrukturen gegen den Inhalt des Speicherplatzes eines Festspeichers, der ein ASCII-Zeichen enthält, getauscht und dieses in keiner Weise mehr den ursprünglichen Daten entsprechende Bitmuster dann als Alias übertragen. Rückschlüsse auf die Ursprungsdaten sind jetzt nicht mehr möglich. Der Empfänger geht für die Entschleierung und Entschlüsselung in umgekehrter Reihenfolge vor und erhält die Ausgangsdaten zurück.

8.3 Einhaltung der Grundprinzipien der Sicherheit

Als Nachweis der sicheren Kommunikation muss geprüft werden, ob die fünf Grundprinzipien der Sicherheit erfüllt werden (vgl. Kapitel 3.3).

- *Vertraulichkeit* / Zugriffsschutz: Nur dazu berechtigte Knoten sollen in der Lage sein, auf Nachrichten im Klartext zuzugreifen und diese auszutauschen. Solche Daten können von unberechtigten Knoten nicht verstanden werden, eine nicht-autorisierte Informationsgewinnung ist also nicht möglich.

  Durch die Erreichung der perfekt sicheren Verschlüsselung unter Verwendung von Einmalschlüsseln in Kombination mit der Verschleierung ist das Prinzip der Vertraulichkeit erfüllt.

- (Daten-)*Integrität* / Änderungsschutz: Der Empfänger soll in der Lage sein, festzustellen, ob eine Nachricht verändert worden ist oder nicht. Daten können also ohne Kenntnis des Empfängers von einem Dritten nicht geändert werden.

- *Authentizität* / Fälschungsschutz: Der Empfänger einer Information soll klar und eindeutig erkennen können, von welchem Absender die Information stammt. Gesendete Daten stammen auch tatsächlich vom Absender, der Absender kann sich also gegenüber dem Empfänger zweifelsfrei ausweisen.

  Die Verwendung der Zeitstempel in den beiden getrennt übertragenen Paketen sichert die Nachricht gegen Wiedereinspielen. Durch das HMAC-Verfahren [7] wird der Nachweis der Unverfälschtheit einer Nachricht und der Identität des Absenders erbracht. Der Schutz gegen Änderung und Fälschung einer Nachricht ist also vorhanden.

- *Verbindlichkeit* / Nichtabstreitbarkeit: Der Absender einer Information muss jederzeit die Urheberschaft einer Nachricht nachweisen können. Die Identität des Absenders ist Dritten gegenüber nachweisbar und nicht abstreitbar.

  Durch die gegenseitige Authentifizierung der Teilnehmer durch Abprüfen geheimer Informationen ist das Prinzip der Authentizität und das Prinzip der Verbindlichkeit erfüllt. Teilnehmer, die keine Berechtigung haben, im Netz zu agieren, werden erkannt und ausgeschlossen. Damit ist sichergestellt, dass nur berechtigte Knoten überhaupt im Netz senden können.

- *Anonymität*: Die Identität des Absenders bleibt Dritten gegenüber geschützt.

  Durch die Verschleierung der Absendeadresse bleibt die Absenderidentität anonym.

8.4 Anwendbarkeit des Verfahrens

Das Verfahren ist für alle Feldbusse anwendbar, da es unabhängig von den bekannten Protokollen arbeitet. Die praktische Verwendbarkeit ist durch den Einsatz von Standardkomponenten gewährleistet. Nur die Schlüssellänge muss an das verwendete Feldbusprotokoll angepasst werden. Dies wurde am Beispiel des Ethernet gezeigt.

Ein weiteres wichtiges Ergebnis der Arbeit ist, dass die grundsätzliche Automatisierungsarchitektur erhalten bleibt. Lediglich ein Kryptomodul als Kommunikations- und Verschlüsselungsschnittstelle für jedes Feldgerät sowie ein zweiter Bus, unter anderem für die Verteilung der Zufallsbits und die zeitliche Synchronisierung, werden ergänzt. Der zweite Bus, der als Lichtwellenleiter ausgeführt ist, kann vorteilhaft mit einem LWL-fähigen Feldbus durch Modemmodifikation physikalisch in einem einzigen Lichtwellenleiter als Übertragungsmedium vereinigt werden.

In einer modifizierten Variante für Funknetze werden die Kryptomodule mit einem Funkmodul ausgerüstet und die Informationen der beiden Kommunikationsbusse auf drei überlappungsfreie Kanäle verteilt.

Das Verfahren ist nicht auf Netze der Automatisierungstechnik beschränkt, sondern mit geringen Anpassungen prinzipiell auch auf Rechnernetze anwendbar, die zentrale Dienstleistungen für mehrere Anwender anbieten. Solche Netze, auch Rechnerwolken genannt, werden derzeit stark propagiert und befinden sich im Aufbau. Auch intelligente Stromnetze, so genannte Smart Grids, können mit dem vorgestellten System ausgerüstet werden.

Durch fortlaufende Überprüfung der Knoten mittels Kontrollinstanzen werden Fremdknoten, die nicht-autorisiert im Netz agieren, erkannt und von der weiteren Kommunikation ausgeschlossen, um Spionage und Sabotage zu verhindern. Immer zwei Knoten überprüfen einen anderen, dritten Knoten, wobei die Kontrollgruppen flexibel zugewiesen werden können. So überprüfen sich nicht immer statisch die gleichen Knoten gegenseitig, sondern es entwickelt sich eine dynamische Kontrolle im laufenden Betrieb. Durch diese Dynamik wird das Einschleusen von nicht-autorisierten Knoten verhindert.

In [28] ist der Generator von Zufallsbits, in [29] die Vorrichtung und das Verfahren zur sicheren Kommunikation und in [30] das Verfahren zur fortlaufenden echtzeitfähigen Authentifizierung von und zur Kommunikation zwischen Funknoten in Automatisierungsnetzen mittels Einmalschlüsseln jeweils zum Patent angemeldet.

Literaturverzeichnis

[1] Alkassar, Ammar ; Garschhammer, Markus ; Gehring, Frank ; Keil, Patrick; Kelter, Harald ; Löwer, Ulrich ; Pankow, Marcus ; Sadeghi, Ahmad-Reza ; Schiffers, Michael ; Ullmann, Markus ; Vogel, Sascha: *Kommunikations- und Informationstechnik 2010+3: Neue Trends in Technologien, Anwendungen und Sicherheit*. SecuMedia Verlag, Ingelheim, September 2003.

[2] Spiegel Online: Angriff auf Irans Atomprogramm – Stuxnet könnte tausend Uran-Zentrifugen zerstört haben. 26. Dezember 2010

[3] Anlagensicherheit bleibt oberstes Gebot. VDI-Nachrichten, S. 28, 28.11.2008.

[4] Beim Umbau der Stromnetze steht die Branche vor vielen ungelösten Teilaufgaben. VDI-Nachrichten, S. 14, 11.11.2011.

[5] Bernstein, Daniel J.: *Cache timing attacks on AES*. Schrift am Department of Mathematics, Statistics and Computer Science, University of Illinois, Chicago, 14.4.2005.

[6] Bitkom-Leitfaden: Cloud Computing – Evolution in der Technik, Revolution im Business. Bitkom, Berlin, Oktober 2009.

[7] Bless, Roland ; Mink, Stefan ; Blaß, Erik-Oliver ; Conrad, Michael ; Hof, Hans-Joachim ; Kutzner, Kendy ; Schöller, Marcus: *Sichere Netzwerkkommunikation*. Springer-Verlag. Berlin Heidelberg, 2005.

[8] Blöss, Gerrit: *Pseudozufallszahlengeneratoren*. Schrift am Fachbereich Informatik, Universität Hamburg, 2005.

[9] Byres, P. ; Leversage, D. ; Kube, N.: Security Incidence at Trends in the SCADA and Process Industries. A statistical review of the Industrial Security Incident Database (ISID), 2007.

[10] Catteddu, Daniele ; Hogben, Giles: *Cloud Computing – benefits, risks and recommendations for information security*. European Network and Information Security Agency enisa, November 2009.

[11] www.ccc.de/de/campaigns/aktivitaeten_biometrie/fingerabdruck_kopieren. 28.05.2009.

[12] www.conImit.de, 28.05.2009.

[13] Deutsche Enzyklopädie
http://lexikon.calsky.com/de/txt/a/au/automatisierungstechnik.php.

[14] digital-zeitschrift.de: Mit Smart Grids in den Atomausstieg. digital-zeitschrift.de, September/Oktober 2011

[15] DIN ISO/IEC 27001 (2008-09) Informationstechnik – IT-Sicherheitsverfahren, 2008.

[16] Distributed Denial of Service (DDoS)-Analyse der Angriffs-Tools. Bundesamt für Sicherheit in der Informationstechnik, Bonn, 8. September 2000.
https://www.bsi-fuer-buerger.de/cln_031/ContentBSI/Themen/
Internet_Sicherheit/Gefaehrdungen/DDoSAngriffe/toolsana.html

[17] Erdner, Thomas: *Entwurf eines realzeitfähigen fehlertoleranten Feldbussystems*. Fortschritts-Bericht VDI Reihe 10 Nr. 722. VDI Verlag, Düsseldorf, 2003.

[18] Fachausschuss Security: *Informationssicherheit in der industriellen Automatisierung*. VDI/VDE-Richtlinie 2182, Düsseldorf, 2007.

[19] Falliere, Nicolas ; Murchu, Liam O. ; Chien, Eric: Symantec Security response W32.Stuxnet dossier. Version 1.3 November 2010.
http://www.symantec.com/content/en/us/enterprise/media/
security_response/whitepapers/w32_stuxnet_dossier.pdf, 25.11.2010.

[20] Fitz, Robert ; Halang, Wolfgang A.: *Sichere Abwehr von Viren, Schutz von IT-Systemen durch gerätetechnisch unterstützte Sicherheitsmaßnahmen*. Datakontext, Frechen, 2002.

[21] Freitag, Rolf: *Verfahren zur Erzeugung von echten Zufallszahlen sowie Zufallszahlengenerator*. Patent Nummer DE 199 26 640 C2.

[22] Früh, K.F. ; Maier, Uwe (Hrsg.): *Handbuch der Prozessautomatisierung*. Oldenbourg Industrieverlag, München, 2004.

[23] Furrer, Frank J.: *Industrieautomation mit Ethernet-TCP/IP und Web-Technologie*. Hüthig Verlag, Heidelberg, 2003.

[24] Global Security Survey 2006. InformationWeek. 2006

[25] Fokus Online: Hacker-Angriff: Sony-Kundendaten gestohlen. http://www.focus.de/digital/computer/computer-hacker-angriff-sony-kundendaten-gestohlen_aid_621742.html; abgerufen am 27. April 2011

[26] Hacker-Zugriff auf Wasserwerk: Steuerungstechnik unzureichend geschützt. SICHER INFORMIERT. Der Newsletter von www.buerger-cert.de, Ausgabe vom 24.11.2011 Nummer NL-T11/0024

[27] Halang, Wolfgang A.: *Verschlüsselung binärer Daten*. Patentantrag DE 10 2005 006 713.1.

[28] Halang, Wolfgang. A. ; Schleupner, Linus: *Verfahren zur Erzeugung zufälliger Bitströme*. Patentantrag DE 10 2010 021 307.1-53

[29] Halang, Wolfgang. A. ; Schleupner, Linus: *Vorrichtung und Verfahren zur authentifizierten vertraulichen Kommunikation zwischen den Knoten von Automatisierungsnetzen*. Patentantrag DE 10 2011 016 106.6

[30] Halang, Wolfgang. A. ; Schleupner, Linus: *Verfahren zur fortlaufenden echtzeitfähigen Authentifizierung von und der Kommunikation zwischen Funkknoten in Automatisierungsnetzen mittels Einmalschlüsseln.* Patentantrag DE 10 2011 104 364.4

[31] Handschuh, Helena ; Preneel, Bart: On the Security of Double and 2-key Triple Modes of Operation. In: Knudsen,L.: *Fast Software Encryption, vol. 1636 of Lecture Notes in Computer Science*, S. 215-230, Springer-Verlag, 1999.

[32] High Performance RSA Hardware Accelerator Design. IBM Research, Tokyo Research Laboratory, Japan, RSA Conference 1998.
http://www.trl.ibm.com/projects/rsa/rsaconf.pdf

[33] Holtz, Rainer: *Jahrbuch Informations- und Kommunikationstechnik.* Hüthig und Pflaum Verlag, Heidelberg 2008.

[34] Industrial Ethernet Devices - Market Study. ARC Advisory Group, 2008.

[35] Informations- und Kommunikationstechnologie in privaten Haushalten 2006. Statistisches Bundesamt, Wiesbaden, 2007.

[36] New York Times: Israel Tests on Worm Called Crucial in Iran Nuclear Delay. vom 15. Januar 2011; abgerufen 16. Januar 2011

[37] Jäger, Edgar: *Industrial Ethernet.* Hüthig Verlag, Heidelberg, 2008.

[38] Jasperneite, Jürgen: *Leistungsbewertung eines lokalen Netzwerkes mit Class-of-Service-Unterstützung für die prozessnahe Echtzeitkommunikation.* Dissertation an der Fakultät für Elektrotechnik und Informationstechnik, Otto-von-Guericke Universität, Magdeburg, 2002.

[39] Kennedy, Michael Peter: Robust OP AMP Realization of Chua's Circuit. In *FREQUENZ*, vol. 46, pp. 66-80, April 1992.

[40] Kerckhoffs, A.: La cryptographie militaire. Journal des Sciences Militaires. 9. Serie. 1883.

[41] Kim,Taehyun ; Stork, Ingo genannt Wersborg ; Wong, Franco N. C. ; Shapiro, Jeffrey H.: Complete physical simulation of the entangling-probe attack on the BB84 protocol. In: *Quantum Electronics and Laser Science Conference*, S. 1-2, QELS'07, 2007.

[42] Klasen, Fritjof ; Straßer,Wolfgang: IT-Sicherheit muss übergreifend ansetzen. In *Intelligenter produzieren*. VDMA-Verlag, Frankfurt, Ausgabe 5/2008.

[43] Klein (Hrsg.): *Einführung in die DIN-Normen.* B.G. Teubner Verlag, Stuttgart/Leipzig/Wiesbaden, Beuth Verlag, Berlin, Wien, Zürich, 2001.

[44] Kleinjung, Thorsten ; Aoki, Kazumaru ; Franke, Jens ; Lenstra, Arjen K. ; Thomé, Emmanuel ; Bos, Joppe W. ; Gaudry, Pierrick ; Kruppa, Alexander; Montgomery, Peter L. ; Osvik, Dag Arne ; te Riele, Herman ; Timofeev, Andrey ; Zimmermann, Paul: Factorization of a 768-bit RSA modulus. Version 1.4, 18. Feb. 2010.
http://eprint.iacr.org/2010/006

[45] Die Lage der IT-Sicherheit in Deutschland. Bundesamt für Sicherheit in der Informationstechnik, Bonn, 2005/2007/2009.

[46] Leitfaden Informaionssicherheit. Bundesamt für Sicherheit in der Informationstechnik, Bonn, 2009.

[47] Li, Ping: *Spatiotemporal Chaos-based Multimedia Cryptosystems*. Fortschritts-Bericht VDI Reihe 10 Nr. 777. VDI-Verlag, Düsseldorf, 2007.

[48] Lipsmeier, Antonius (Hrsg.): *Friedrich Tabellenbuch*. Bildungsverlag EINS, Troisdorf, 2007.

[49] Matsumoto, Takashi: A Chaotic Attractor from Chuas's Circuit. In *IEEE Transactions on Circuits and Systems*. Vol. CAS-31, Nr. 12, 1984.

[50] Metter, Mark ; Bucher, Rainer: *Industrial Ethernet in der Automatisierungstechnik*. Publics Corporate Publishing, Erlangen, 2007.

[51] Miller, Michael: *Symmetrische Verschlüsselungsmethoden*. Teubner Verlag, Wiesbaden, 2003.

[52] MOVA Modulare, Offene und Verteilte Funktionsblocksysteme für die Automatisierungstechnik: Abschlußpräsentation des BMBF-Verbundprojektes. VDMA, Frankfurt/Main, 2000.

[53] Muthuswamy, Bharathwaj: Memristor Based Chaotic Circuits. In *Technical Report UCB/EECS-2009-6*. 15.01.2009.

[54] Muthuswamy, Bharathwaj ; Blain, Tamara ; Sundquist, Kyle: A Synthetic Inductor Implementation of Chua's Circuit. In *Technical Report UCB/EECS-2009-20*. 30.01.2009.

[55] Naumann, Rolf: *Modellierung und Verarbeitung vernetzter intelligenter mechatronischer Systeme*. In Fortschrittsberichte VDI Reihe 20: Rechnerunterstützte Verfahren Nr. 318. VDI-Verlag, Düsseldorf, 2000.

[56] *Netzwerke*. Regionales Rechenzentrum für Niedersachsen / Universität Hannover, 3. Auflage, 2005.

[57] Ohigashi, Toshihiro ; Morii Masakatu: *A Practical Message Falsification Attack on WPA*. Whitepaper, Hiroshima University, Kobe University, 2009. http://www.informationweek.com/news/security/cybercrime/showArticle.jhtml?articleID=190301155

[58] Petig, M. ; Riedl, M.: Funktionsblocktechnik und IEC61499 im modularen Maschinenbau. In *Fachtagung Verteilte Automatisierungs-Modelle und Methoden für Entwurf, Verifikation, Engineering und Instrumentierung (VA2000)*. Seiten 96-102, Otto-von-Guericke-Universität, Magdeburg, 2000.

[59] Pictures of the Future. Siemens Forschungsmagazin, 12/2005.

[60] Ricot, C.: Challenges and opportunities in industrial automation. In Invited Talk at the 8th IEEE international Conference on Emerging Technologies and Factory Automation (ETFA'01). Antibes, France, 2001.

[61] Rojas, Carlos ; Morell, Peter: *Guidelines for industrial Ethernet Infrastructure Implementation*. Whitepaper Rockwell Automation und Cisco, 2010.

[62] Schiestl, Christian: *Pseudozufallszahlen in der Kryptographie.* Diplomarbeiten Agentur Diplom.de, 1999

[63] Schleupner, Linus: *Umstellung eines Feldbusses für den Maschinenbau auf Ethernet/IP unter Wahrung von Echtzeit und Sicherheit.* Masterarbeit im Fachbereich Elektro- und Informationstechnik, FernUniversität in Hagen, 2008.

[64] Schreiner, Sebastian: *Freiraumoptische Quantenkryptographie.* Diplomarbeit im Fachbereich Physik der Ludwig-Maximilians-Universität, München, 2007.
http://xqp.physik.uni-muenchen.de/publications/files/
theses_diplom/diplom_schreiner.pdf

[65] SECOQC Presseinfo. 03.10.2008.
http://www.secoqc.net/downloads/pressrelease
/SECOQC_PRESSE%20INFO_deutsch.pdf

[66] Shannon, Claude E.: Communication Theory of Secrecy Systems. Bell Systems Technical Journal, 28(1949), 656-715

[67] Singer, Otto: *Wissenschaftliche Dienste des Deutschen Bundestages: Cloud Computing.* Nr. 15/10 (12.03.2010).

[68] Swoboda, Joachim ; Spitz, Stephan ; Pramateftakis, Michael: *Kryptographie und IT-Sicherheit.* Vieweg+Teubner Verlag, Wiesbaden, 2008

[69] Scharff, Peter: Internetbasierte Referenzmessung von Zählern. Forschungsantrag im Rahmen des Programms „Zukunftstechnologien für kleine und mittlere Unternehmen". TU Ilmenau, 15.8.2011

[70] Tietze, Ulrich ; Schenk, Christoph: *Halbleiterschaltungstechnik.* Springer-Verlag, Berlin Heidelberg, 9. Auflage 1989.

[71] Tietze, Ulrich ; Schenk, Christoph: *Halbleiterschaltungstechnik.* Springer-Verlag, Berlin Heidelberg, 13. Auflage 2009.

[72] www.true-random.com. 10.04.2009

[73] VDMA Nachrichten: Maschinenintegration – Produktion in vernetzten Umgebungen. VDMA, Frankfurt, Mai 2003.

[74] Verfassungsschutzbericht. Bundesamt für Verfassungsschutz, Köln, 2009.

[75] http://de.wikipedia.org/wiki/Weißes_Rauschen. 06.02 2011

[76] http://de.wikipedia.org/wiki/Quantenkryptographie vom 6. April 2011

[77] Williams, Theodore J.: *Reference Model For Computer Integrated Manufacturing (CIM).* Instrument Society of America, 1989.

[78] Wirtschaftsspionage – Risiko für Ihr Unternehmen. Bundesamt für Verfassungsschutz, Köln, 2008.

[79] www.wortschatz.uni-leipzig.de. Suchbegriff „Zufall". 10.04.2009.

[80] www.wsan4CIP.eu. 07.02.2012

[81] X-Force Threat Inside Quarterly Q406, 2007.
http://www-935.ibm.com/services/us/iss/html/xforce-threat-insight.html

[82] Zhao, Yi ; Qi, Bing ; Ma, Xiongfeng ; Lo, Hoi-Kwong ; Qian, Li: Experimental Quantum Key Distribution with Decoy States. 24.02.2006.
http://www.ecf.utoronto.ca/ qianli/publications/Decoy_PRL_2006.pdf

i want morebooks!

Buy your books fast and straightforward online - at one of world's fastest growing online book stores! Environmentally sound due to Print-on-Demand technologies.

Buy your books online at
www.get-morebooks.com

Kaufen Sie Ihre Bücher schnell und unkompliziert online – auf einer der am schnellsten wachsenden Buchhandelsplattformen weltweit! Dank Print-On-Demand umwelt- und ressourcenschonend produziert.

Bücher schneller online kaufen
www.morebooks.de

 VDM Verlagsservicegesellschaft mbH
Heinrich-Böcking-Str. 6-8   Telefon: +49 681 3720 174   info@vdm-vsg.de
D - 66121 Saarbrücken   Telefax: +49 681 3720 1749   www.vdm-vsg.de

Printed by Books on Demand GmbH, Norderstedt / Germany